Al Atardecer con Dios

Editorial UNILIT

Disponible en inglés en Access Sales International (ASI)
P. O. Box 700143, Tulsa, OK 74170-0143 USA, Fax #918-496-2822

Publicado por **Editorial Unilit**
Miami, Fl. 33172
© 2001 Derechos reservados
Primera edición 2001

© 1996 por Honor Books Publishing,
P. O. Box 55388, Tulsa, Oklahoma, 74155, USA
Publicado en inglés con el título: *Sunset With God* por Honor Books.
Manuscrito preparado por W. B. Freeman Concepts, Inc., Tulsa, Oklahoma.

Traducido al español por: Gabriel Prada

Citas bíblicas tomadas de la Santa Biblia, revisión 1960, © Sociedades Bíblicas
Unidas y "Biblia de las Américas" © 1986 The Lockman Foundation.
Usadas con permiso.

Producto 495171
ISBN 0-7899-0914-6
Impreso en Colombia
Printed in Colombia

Cuando el día haya terminado

Al finalizar el día, la mayoría de nosotros estamos exhaustos por completo. Nuestros cuerpos están cansados, nuestra energía se ha agotado y nuestras mentes están vacías. Ya no hay ideas creativas, soluciones prácticas o respuestas sabias. Nuestras emociones se han desgastado y la habilidad de comunicarnos y relacionarnos con los demás, es casi inexistente.

En medio del cansancio, dedica tiempo a estar con el Señor. No lo menosprecies, al pensar que la oración o el tiempo de devoción es solo "otra cosa más" y que estás demasiado cansado. Abraza este tiempo con Él y considéralo como un respiro que infunde vida.

¿Pero los que esperan en el Señor renovarán sus fuerzas;
se remontarán con alas como las águilas, correrán,
y no se cansarán, caminarán y no se fatigarán.?

Isaías 40:31 (LBLA)

En las siguientes páginas, encontrarás devocionales que te ayudarán a "esperar" con fe en el Señor, y a esperar que Él:

- te proporcione un dulce sueño
- sane tus heridas
- calme tus temores
- restaure tu esperanza
- renueve tu cuerpo, mente y espíritu
- y te dé la valentía para enfrentar un nuevo mañana.

El Señor es tu Creador. ¡Él también es tu Re-Creador! Conoce de qué estás hecho, y sabe cómo renovarte cuando experimentas desgaste, te desgarras o te sientes impotente.

Esta noche, confía que el Señor derrame de sí mismo sobre ti, y que te llene de su divina presencia hasta rebosar. "Él te infundirá su fuerza, su poder, su sabiduría, su amor, su vida! Irás a la cama sumergido en su paz, y despertarás estimulado a plenitud, por haber pasado un *Atardecer con Dios*.

El poder de la oración

*Despedida la multitud, [Jesús] subió al monte
a orar aparte; y cuando llegó la noche, estaba allí solo.*

Mateo 14:23

A menudo, se les enseña a los niños pequeños a decir sus plegarias a la hora de acostarse, haciéndoles memorizar algunas breves frases. Y aunque es bueno dirigirlos a orar, «la repetición» que a menudo se enseña, pudiera resultar en la desvalorización de este importante y precioso tiempo con el Señor.

Por ser el atardecer considerado el tiempo en que las fuerzas menguan, podríamos pensar que nuestras oraciones carecen del poder y la convicción que están disponibles al comienzo del día. Sin embargo, orar a cualquier hora, puede ejercer un poderoso efecto sobre nuestro mundo, por ejemplo:

La Reina Mary dijo que temía a las oraciones de John Knox, más que a todos los ejércitos de Escocia.

Las oraciones de John Wesley trajeron un avivamiento en Inglaterra, librándolos de los horrores de la

Revolución Francesa. Este suceso se esparció a través de las colonias americanas, cuando Jonathan Edwards oró.

Una y otra vez, la oración ha moldeado la historia. El reverendo Billy Graham dice: "Les digo algo; la historia podría ser alterada o cambiada de nuevo, si las personas caen de rodillas y oran, creyendo... En el presente hemos aprendido a controlar el poder del átomo, pero muy pocos sabemos desarrollar a plenitud, el poder de la oración. Aún no hemos aprendido, que un hombre puede ser más eficaz sobre sus rodillas, que detrás del arma más potente que haya sido inventada."[1]

Mateo 14:23 nos dice que Jesús procuró estar a solas con el Padre, después de un día sobrecargado en exceso, en el que predicó, enseñó y sanó multitudes. Quizás nuestras oraciones son *más* poderosas, cuando el cansancio nos hace soltar las pretensiones del lenguaje «religioso», en favor de una comunicación directa con el Dios en cuyas manos, hemos depositado nuestras vidas.

Esta noche, habla con el Señor en forma abierta y honesta acerca de tus preocupaciones y hazle conocer tus peticiones. Entonces, entrégaselas a su cuidado y duerme en paz, reconociendo que Él, siempre obra a tu favor.

Tarde y mañana

Y fue la tarde y la mañana un día.
Génesis 1:5

$\mathcal{E}$n el libro de Génesis, cada día de la creación concluye con la frase "y fue la tarde y la mañana."

Desde la perspectiva hebrea, el día comienza al atardecer y en específico, con la puesta del sol. Esto es muy diferente a la tradición occidental, pues comenzamos nuestros días al salir el sol y consideramos la noche como el final de un largo día.

¿Qué significado tiene que el día comience al atardecer?

Para el pueblo hebreo a través de los siglos, la transición de la tarde a la noche, ha sido marcada por oración. La «oración nocturna», es una costumbre judía. Después de la oración, la familia se reúne a la mesa para cenar.

El día más santo de la semana, el "Shabat" (sábado), comienza con el acto de encender las velas y una proclamación de fe; entonces prosigue una cena familiar más formal. Después de esta, las familias judías tienen el hábito de reunirse para leer la Palabra de Dios y dialogar acerca de la aplicación de sus leyes a sus vidas. La noche termina en descanso.

Considera las prioridades que son evidentes en ese estilo de vida:

Primero, el enfoque en la oración y en la relación del individuo con Dios.

Segundo, el énfasis en la vida familiar.

Tercero, el estudio diario de las Escrituras, de tal forma, que los últimos pensamientos del día tengan que ver con la Palabra de Dios.

Cuarto, descanso y sueño.

Después que un hebreo hablaba con Dios, disfrutaba del amor y compañerismo de la familia, estudiaba las Escrituras y descansaba, entonces, emprendía sus labores.

¿Qué sucedería en tu vida si decides adoptar esta estrategia durante las horas de la noche? ¿Sería posible que te sintieras más renovado, estimulado, enérgico, saludable, creativo y productivo? ¿Podrían las prioridades que deseas para tu vida, convertirse en realidad?

¿Por qué no lo intentas? Comienza tu próximo día durante la tarde y despierta sabiendo que estás renovado por completo, en espíritu, alma y cuerpo, para disfrutar de un día pleno y productivo.

Centinela nocturno

Porque tú eres mi esperanza, oh Señor Dios.
Salmos 71:5 (LBLA)

Vaclav Havel es el ex presidente de la antigua Checoslovaquia. En el año 1948, los comunistas usurparon el poder en su país y confiscaron las tierras de su familia. Desde ese momento en adelante, Havel formó parte de un desafiante grupo que se opuso al gobierno soviético.

Cuando los soviéticos llegaron a Praga, veinte años después, Havel permaneció para formar una coalición, que cobraría vigor y se prepararía para asumir el poder en el momento adecuado. Él habló con audacia y escribió denuncias contra el comunismo. Por causa de su activismo, fue puesto bajo estricta vigilancia, y al cabo del tiempo encarcelado.

En 1970, varios senadores estadounidenses se reunieron con él en Checoslovaquia. En esta ocasión trajeron consigo lo que ellos catalogaban como buenas noticias para él. Dijeron que su intención era ejercer presión para el establecimiento de leyes, que permitieran a disidentes como él, emigrar al occidente.

Havel respondió diciendo que no le interesaba hacerlo. Preguntó: "¿De qué serviría? Permanecer y luchar aquí, es la única esperanza de lograr algún cambio". Como un guardián en vela, Havel continuó sirviendo en su país.

Con frecuencia, los momentos de prueba y de lucha que atravesamos, nos parecen noches largas y oscuras. Hacer lo debido, incluso lo difícil, nos trae esperanza. ¿Cómo permanecer en vela, en medio de esas noches oscuras, cuando no parece haber mucho cambio en nuestras circunstancias?

1. Da un paso a la vez. No intentes acometer todo el trabajo al mismo tiempo. "Por el Señor son ordenados los pasos del hombre" (Proverbios 20:34 LBLA).

2. Mantén tus luchas en la debida perspectiva. Separa las montañas de los montoncitos de arena. "¿Qué pues, diremos a esto? Si Dios es por nosotros, ¿quién contra nosotros?" (Romanos 8:31).

3. Cultiva la disciplina de la gratificación aplazada. "Mas tenga la paciencia su obra completa, para que seáis perfectos y cabales, sin que os falte cosa alguna" (Santiago 1:4).

4. Aprende a reconocer al Dios invisible obrando en el mundo que te rodea. "Por la fe [Abraham] dejó Egipto no temiendo la ira del rey; porque se sostuvo como viendo al Invisible" (Hebreos 11:27).

Depositar toda tu esperanza en el Señor, te ayudará a materializar estas cosas. Él te guiará, removerá las montaña, te fortalecerá, ayudándote a ser paciente y abrirá tus ojos para que veas las obras que realiza a tu alrededor.

Déjalo a mi cargo

Echa sobre el Señor tu carga y Él te sustentará.
Salmos 55:22 *(LBLA)*

*P*ara muchas personas es más fácil entregar su futuro en manos del Señor, que los problemas y preocupaciones cotidianos. Reconocemos nuestra impotencia en cuanto al futuro se refiere, pero a menudo sentimos que el presente está en nuestras propias manos.

Una cristiana de nombre Mary Ellen, experimentó en cierta ocasión una gran carga. Se sentía tan turbada que no podía dormir ni comer, arriesgaba su salud física y emocional, estaba a punto de una crisis nerviosa. Sin embargo, pudo reconocer que *ella* nada podía hacer para cambiar sus circunstancias.

Entonces, Mary Ellen leyó en una revista la historia de otra mujer llamada Connie, quien también había experimentado grandes dificultades en su vida. En el relato, una amiga le preguntó a Connie, cómo pudo soportar la carga de dichos problemas. Connie respondió: "Llevo mis contrariedades al Señor."

Su amiga le respondió: "Por supuesto, es lo que debemos hacer".

Entonces Connie continuó diciendo: "Pero no tan solo debemos *llevarlas* ante Él. Debemos *dejar* nuestros problemas con el Señor."[3]

No solo debemos dejar nuestros problemas con el Señor; no debemos quedarnos con ninguno.

Se cuenta una divertida historia sobre un anciano que juró que nunca viajaría en avión. Sin embargo, cierto día se presentó una emergencia y le fue necesario llegar con urgencia a una lejana ciudad. La vía más rápida de lograrlo era por aire, por supuesto, así que compró el boleto y se embarcó en su primer viaje en avión.

Conociendo su renuencia a viajar, cuando sus parientes lo recibieron en el aeropuerto le preguntaron cómo había estado el vuelo, a lo que el anciano respondió: "Supongo que bien, pero les diré una cosa, en ningún momento deposité todo *mi peso* sobre el asiento."[4]

¡El Señor desea que eches todas tus cargas sobre Él y que allí las dejes! Él anhela que también le entregues el peso completo de tus problemas. Entonces, podrás continuar tu vida con la plena confianza, de que Él, cuidará de aquellas cosas que le has encargado.

Tiempo de calidad

Me mostrarás la senda de la vida;
en tu presencia hay plenitud de gozo.
Salmos 16:11

¡Ocupado, tan ocupado! Ya ha pasado mucho tiempo desde la puesta del sol y aún hay tanto por hacer. Trabajo, familia, iglesia y muchas cosas más, parecen demandar horas, que Dios nunca colocó en el día. Aun así, nosotros los cristianos pensamos que de alguna forma, todos estos logros serán del agrado de nuestro Padre celestial. Después de todo, la fe sin obras es muerta. ¿Cierto?

Al caer por fin sobre nuestras camas en la noche, ¿podemos decir que en realidad hemos pasado algún tiempo con el Padre, que con tantos esfuerzos intentamos complacer?

En su libro *Unto the Hill (Hacia los montes)*, Billy Graham, relata la historia de una pequeña niña y su padre, quienes eran grandes amigos y disfrutaban el tiempo que pasaban juntos. Salían a caminar y compartían la pasión de observar pajarillos, mientras se deleitaban en el cambio de las estaciones y en la experiencia de conocer nuevas personas que se cruzaban en el camino.

Un día, el padre notó un cambio en su hija. Si él salía a caminar, ella se excusaba para no ir. Reconociendo que la chica estaba creciendo, él supuso que era de esperarse que ella perdiera interés en su padre al ir conociendo nuevos amigos. No obstante, su ausencia lo afligió en gran medida.

Debido a la ausencia de su hija, él no se encontraba de muy buen ánimo durante su cumpleaños. Ella le obsequió un par de sandalias elaboradas con exquisitez por ella misma, mientras él daba sus caminatas fuera de la casa.

Por fin, él pudo entender y dijo: "Querida mía, me gustan mucho las sandalias, pero en la próxima ocasión cómpralas, y permíteme compartir contigo todos los días. Prefiero tener a mi hija, que cualquier cosa que ella haga para mí."[5]

¿Será posible que nuestro Padre celestial a veces se sienta solo por la falta de compañía de sus hijos? ¿Estamos tan ocupados haciendo lo bueno, que olvidamos, o estamos demasiados agotados, para dedicar tiempo a solas con Él, en el transcurso de nuestro día?

Al ponerse el sol, sal a caminar con tu Padre celestial. Dedica un tiempo de calidad a hablar con Él sobre cualquier cosa. No excluyas ningún aspecto en esa comunicación. ¡Experimentarás dicha, y Él también!

Acostarse temprano

¡Dios, Dios mío eres tú! ¡De madrugada te buscaré!

Salmos 63:1

La mayoría de nosotros hemos escuchado el antiguo dicho que dice: "El acostarse temprano y un prematuro despertar, hace al hombre saludable, rico y sabio." En la Biblia, también encontramos numerosas referencias que nos hablan del gozo y los beneficios de madrugar. El salmista dijo:

"Pronto está mi corazón, oh Dios, mi corazón está dispuesto; cantaré y trovaré salmos. Despierta, alma mía; despierta salterio y arpa; me levantaré de mañana."

Salmo 57:7-8

La implicación obvia es que el salmista tenía por costumbre, levantarse antes de la salida del sol y «cantar» en las mañanas. ¿Pero, qué relación tiene esto con la puesta del sol?

Llevado a la práctica, para poder levantarnos temprano en la mañana, tenemos que acostarnos temprano. No hay nada que sustituya el descanso nocturno. De acuerdo con las investigaciones modernas sobre el tema del sueño, la mayoría de las personas necesitan entre siete y diez horas de descanso por día y las horas desperdiciadas nunca podrán ser recuperadas.

Un tiempo de descanso suficiente, es el factor primordial en la habilidad individual para mantener un alto nivel de desempeño, lidiar con las tensiones y poder experimentar un sentimiento de satisfacción en la vida. Poder dormir lo suficiente, impacta el ánimo y las emociones, la habilidad de pensar con creatividad, responder con prontitud y sostener un excesivo nivel de trabajo. Es tan vital para nuestra salud, como los alimentos y bebidas.

¡Otra buena noticia relacionada con el descanso nocturno y nuestra salud, es que cada hora de sueño y descanso que logremos antes de la medianoche, proporciona doble provecho, no así el tiempo posterior a esta!

Una buena noche de descanso, es una de las bendiciones que Dios tiene para ti. El suficiente tiempo para dormir, era parte del diseño de Dios para tu cuerpo y de su plan para tu vida. Cuando te acostumbras a dormir temprano, te colocas en la posición de receptor de esa bendición. Encontrarás que será más fácil madrugar e ir ante el Señor, en busca de sabiduría y fortaleza para el día que se avecina.

Cielo nocturno

Cuando veo tus cielos, obra de tus dedos,
la luna y las estrellas que tú formaste...
Salmos 8:3

¿Cuándo fue la última vez que te detuviste a contemplar el cielo lleno de estrellas, en una noche sin nubes? ¿Te has imaginado cómo sería viajar a través de los cielos, entre las estrellas? ¿Qué habrá más allá de lo que nuestros ojos físicos pueden observar?

Jamie Buckingham, describió una noche centelleante en las montañas nevadas de Carolina de Norte:

"Caminé por el oscuro sendero cubierto de nieve hacia Cowee Bald. El cielo se había despejado, revelando millones de estrellas que resplandecían en la noche fría. Solo se escuchaba el gorgoteo de una pequeña quebrada al lado del camino y el suave crujir de mis zapatos sobre la nieve. Los demás ruidos nocturnos quedaron ahogados, y tuve la impresión de estar solo sobre la faz de la tierra.

»Me pregunté qué hora sería, pero echarle un vistazo a mi reloj sería un sacrilegio. Relojes, calendarios, automóviles y aviones, instrumentos de tiempo y velocidad, quedaron todos sepultados bajo el manto de quietud de la naturaleza. Removí la nieve sobre mis botas, y parado en medio del camino, eché mi cabeza hacia atrás y respiré con profundidad el aroma a pino impregnado en el aire. Miré hacia el cielo, pude ver estrellas que alumbraban con luz milenaria y reconocí que tan solo vislumbraba el margen del espacio. Más allá... el infinito y por encima de todo... el Creador.

»Recordé una cita de Kant, el filósofo alemán. Algo relacionado con dos evidencias irrefutables de la existencia de Dios: en el interior, la ley moral y en el exterior, el universo saturado de estrellas. En un suspiro susurré Su nombre: 'Dios'.

»Entonces, impactado ante su presencia, lo llamé como había aprendido a través de la experiencia: 'Padre'"[6]

Esta noche, contempla las estrellas en el firmamento. Percibirás un destello de eternidad. ¡Qué impresionante pensamiento: *El Creador del Universo me invita a disfrutar una relación personal con Él*!

Al atardecer con Dios

Vuelve a casa

Porque este mi hijo muerto era y ha revivido;
se había perdido y es hallado.
Lucas 15:24

Había una vez una viuda, que vivía con su hijo en un miserable desván. Años atrás, la mujer se había casado en contra de la voluntad de sus padres y se marchó a vivir con su esposo en un lejano país.

Su esposo fue un hombre infiel e irresponsable y después de varios años, murió sin haber hecho provisión alguna para ella y su hijo. Con gran dificultad, logró hacer frente a las necesidades básicas de la vida.

Los momentos más felices en la vida del niño, fueron cuando la madre lo tomaba en sus brazos y le contaba sobre la casa de su abuelo en el antiguo país. Ella le hablaba sobre el césped verde, los elevados árboles, las flores silvestres, las hermosas pinturas, y las deliciosas cenas.

El chico nunca había visto la casa de su abuelo, pero para él, era el lugar más hermoso en todo el mundo. Anhelaba la llegada del momento, en que iría a vivir allí.

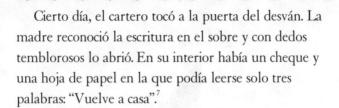

Cierto día, el cartero tocó a la puerta del desván. La madre reconoció la escritura en el sobre y con dedos temblorosos lo abrió. En su interior había un cheque y una hoja de papel en la que podía leerse solo tres palabras: "Vuelve a casa".[7]

Igual que este padre y el del hijo pródigo, nuestro Padre celestial extiende sus brazos y nos recibe otra vez, en aquel lugar de descanso y restauración espiritual, al final de un día agotador.

Dios no nos pide que nos preparemos a recibir el castigo por los fracasos del día. Él tan solo nos da la bienvenida a su sanadora presencia, como hijos redimidos por la sangre de su propio Hijo. Es allí, donde Él nos asegura que comprende nuestros dolores, fracasos y nos concede el milagro de milagros: continúa amándonos.

El Padre, te extiende un llamado para que regreses a casa. ¿Por qué no concluyes tu día, en la comodidad y provisión de su presencia?

Alabanza nocturna

Dios es luz y no hay ningunas tinieblas en él.

1 Juan 1:5

El *Libro de Oraciones Comunes (Common Prayer Book)* posee un servicio de Oraciones Nocturnas, en el cual está incluido un antiguo himno titulado "Phos hilaraon", o "O Gracious Light" (Luz de gracia):

Oh *Luz de gracia, resplandor*
puro del eterno Padre que mora en los cielos,
¡Oh Jesucristo, santo y bendito!

Y *ahora al llegar la puesta del sol,*
y la vespertina luz nuestros ojos observar,
tus alabanzas cantamos, oh Dios:
Padre, Hijo y Santo Espíritu.

Eres *digno en todo tiempo de ser alabado,*
por alegres voces,
Oh Hijo de Dios, Dador de la vida,
y en todos los mundos ser glorificado.

Este antiguo himno nos hace reconocer que aunque el sol se esté poniendo, la luz de Dios nunca nos deja. Él siempre está con nosotros, día y noche.

Los antiguos paganos creían que la noche era un tiempo de muerte y tristeza, cuando «los dioses se marchaban» del mundo. Este himno proclama exactamente lo opuesto. Jesucristo ofrece vida a toda hora. El Padre nunca abandona a sus hijos y en todo tiempo es digno de recibir nuestra alabanza.

En el libro de Apocalipsis, Juan describe la Nueva Jerusalén, nuestro eterno hogar, con estas palabras:

> *"Allí no habrá más noche; y no tienen necesidad*
> *de luz de lámpara ni de luz del sol, porque Dios el Señor*
> *los iluminará y reinará por los siglos de los siglos."*
> *Apocalipsis 22:5*

Hoy día, los científicos plantean que si algo se reduce a su forma más pura de energía, se convierte en luz y calor. El sol en miniatura. El Evangelio nos dice que el Hijo de Dios, es nuestro suministro interminable de energía y vida.

¡Él es lo que nadie más puede proveer! Él es la esencia de toda la energía de la vida. Puedes contar con Él para que traiga luz, aun en medio de tu noche más oscura.

Verdaderas riquezas

No os hagáis tesoros en la tierra.
Mateo 6:19

Se casaron en cuanto se graduaron de la universidad. Ambos eran inteligentes, atractivos y seleccionados por sus compañeros como «la pareja con mayores posibilidades de alcanzar el éxito». En dos décadas, ya habían escalado varios impresionantes peldaños en la escalera hacia el éxito: tres hijos matriculados en colegio privado, una mansión, dos autos de lujo, una casa para ir de vacaciones a orillas de un lago, una amplia carpeta de inversiones y el respeto de todos sus conocidos. De preguntarles qué era lo más importante en la vida, hubiesen recitado una larga lista de posesiones, lugares visitados y cosas que habían hecho. El éxito era maravilloso y con el dinero se manejaba el mundo.

Es probable que no les sorprenda escuchar, que cierto día, todo se desplomó en la vida de esta pareja. Dando por hecho que sus socios eran dignos de confianza, avalaron en lo personal una deuda de negocio y lo inesperado sucedió. Uno de los asociados hizo un desfalco por casi medio millón de dólares y esta Pareja-Que Todo-Lo-Tenía, comenzó a transitar el camino que los convirtió en la Pareja-Que-Todo-Lo-Perdió. En medio de todos sus problemas, la policía llegó a su puerta tarde una noche, para informarles que el mayor de sus hijos había fallecido en un accidente automovilístico.

En el proceso de reconstruir sus vidas, esta pareja descubrió algo de vital importancia. Un vecino los invitó a la iglesia y pensando que al aceptar no perderían nada, comenzaron a asistir con regularidad y a su debido tiempo se hicieron miembros de la misma. Para sorpresa de ambos, comenzaron a disfrutar el estudio de la Biblia, entablaron muchas genuinas relaciones de amistad y se sentían aceptados por lo que eran, no por lo que poseían en términos materiales. Sus hijos también hallaron un lugar al cual pertenecer (sin la necesidad de usar ropas de diseñadores).[8]

No sería necesario que ninguno de nosotros perdiéramos todo, con tal de hallarlo todo. De hecho, nuestro Padre celestial desea que vivamos vidas abundantes. La clave para que logremos dulces sueños de noche, es mantener las prioridades en orden, recordando que es preciso colocar a Dios primero y después a los demás, antes que nosotros.

Adquiere prudencia

*Da oído a la sabiduría, inclina
tu corazón al entendimiento.*

Proverbios 2:2 *(LBLA)*

¡A veces nos parece que la vida se vive al revés! Siendo jóvenes y con una perspectiva limitada, tenemos que tomar aquellas inmensas decisiones que moldearán el resto de nuestros años. Pero podemos y seremos sabios, si aprendemos de quienes han adquirido entendimiento de las experiencias de la vida.

En un estudio psicológico, a cincuenta personas mayores de noventa y cinco años de edad se les preguntó lo siguiente: ¿De poder vivir la vida otra vez, qué haría diferente? De tal interrogación salieron a relucir tres respuestas generales:

Si tuviese que hacerlo otra vez...

- Reflexionaría más.
- Arriesgaría más.
- Haría más cosas que perduren después de mi muerte.[9]

Una mujer muy anciana escribió sobre cómo viviría su vida de poder hacerlo otra vez:

"Cometería más errores la próxima vez, me relajaría, sería más flexible, más tonta de lo que sido durante este viaje, tomaría menos cosas con seriedad. Sería más arriesgada, escalaría más montañas y nadaría más cantidad de ríos, comería más helados y menos frijoles y quizá tendría más problemas en la actualidad, pero menos de ellos serían imaginarios.

»Como puedes ver, soy una de esas personas que ha vivido con sensatez y prudencia hora tras hora y día tras día. Sí, he disfrutado mis buenos momentos y si tuviese que hacerlo de nuevo, tendría muchos más. De hecho, no intentaría vivir más que momentos, uno tras otro, en vez de tantos años por adelantado."[10]

¡Escucha y aprende! La vida no puede ser solo trabajo y nada de juego. A pesar de todo, deseas que la misma tenga sentido, para Dios, para los seres queridos que te siguen y para ti mismo.

Durante esta noche, reflexiona sobre tu vida. Pídele a Dios que te muestre cuál es el verdadero significado de tu existencia, lo que debes lograr, ¡y cómo disfrutar el proceso.

Necesidades cotidianas

Esta es la confianza que tenemos en él, que si pedimos cualquier cosa conforme a su voluntad, él nos oye. Y si sabemos que él nos oye en cualquiera cosa que pidamos, sabemos que tenemos las peticiones que le hayamos hecho.

1 Juan 5:14-15

"¡Oh, no! ¡De nuevo tendremos que correr para alcanzar la barca de pasajeros!", exclamó Elaine. "Y a menos que en los próximos dos minutos encontremos un espacio donde estacionar el auto, ¡nunca llegaremos a tiempo!"

Mientras que Elaine y su hija Cathy luchaban por abrirse paso entre el tráfico en el centro de la ciudad de Seattle, ella se remontó al momento cuando se mudaron a la Isla Bainbridge, unos cuatro años atrás. En aquel entonces pensaron que se habían mudado a un lugar idílico y perfecto. En esa temporada su hija estaba en la escuela superior y ella podía trabajar tiempo parcial desde su hogar.

Ahora, las deudas acumuladas de la universidad, se habían convertido en la razón por la cual Elaine tenía que trabajar la totalidad de la jornada. Ella, su esposo y Cathy, se veían en la obligación de hacer el viaje diario hacia Seattle, en el barco de pasajeros. Con autos estacionados a ambos lados del agua, el acto de interceder por un espacio de estacionamiento disponible, se había convertido en un evento cotidiano.

"Te dije que debimos salir de tu oficina más temprano", dijo Cathy en tono de represión. "No podemos confiar en hallar un espacio disponible para estacionar el auto cerca del barco, en especial cuando el puerto está lleno de turistas y asistentes a convenciones, durante esta época de verano."

"Dios sabe que tuve que atender a ese cliente que apareció a última hora y también que tenemos que abordar al barco para poder llegar a casa a tiempo, cocinar la cena e ir a la iglesia", le aseguró Elaine. Y entonces oró en voz alta diciendo: "Señor, le daremos otra vuelta a esta cuadra, por favor, permite que alguien saque su auto y nos deje el espacio libre o nunca llegaremos a tiempo."

"¡Mamá, ahí está!", gritó Cathy mientras doblaban la última esquina. "Esas personas acaban de montarse en su auto. Debo admitir que a veces tienes más fe que yo. ¿Quién iba a pensar que Dios estaría interesado en algo tan trivial, como encontrar un espacio para estacionar?"

"Pero, eso es lo más importante de todo", le explicó Elaine. "Dios está interesado en cada aspecto de nuestras vidas, aun en los programas de trabajo y sitios de estacionamiento. ¡Y ahora, a correr se ha dicho!"[11]

El Señor conoce cada una de las circunstancias de tu hoy y tu mañana. Confía en que Él sea «el Señor de los detalles».

❀ ❀ ❀ ❀ ❀ ❀ ❀ ❀ ❀ ❀ ❀

Meditación final

*Nunca se apartará de tu boca este libro de la ley,
sino que de día y de noche meditarás en él, para que guardes
y hagas conforme a todo lo que en él está escrito, porque
entonces harás prosperar tu camino, y todo te saldrá bien.*
Josué 1:8

Una de las traducciones de la palabra «meditar» en hebreo, idioma en el cual fue escrito el Antiguo Testamento, es el verbo «murmurar», decir entre dientes, repetir algo una y otra vez. Cuando se nos enseña a meditar en el Señor y en su Palabra día y noche, lo que significa es que debemos repetir para nosotros mismos la Palabra de Dios. Al hacerlo, esta viene a ser lo principal en nuestro pensamiento. Se convierte en nuestro estilo y modo de pensar, nuestro panorama mundial, nuestra perspectiva en cuanto a la vida.

Las Escrituras prometen que cuando pensamos y hablamos de acuerdo a la ley de Dios, nuestro comportamiento será en conformidad a la misma. ¡Y así podremos disfrutar del éxito y la prosperidad!

En la opinión de Henry Ward Beecher, un gran predicador del siglo XIX: "Unos breves momentos con Dios durante la temporada de calma y tranquilidad, son más valiosos que el oro fino."

El salmista proclamó: "Con labios de júbilo te alabará mi boca, cuando me acuerde de ti en mi lecho, cuando medite en ti en las vigilias de la noche." (Salmos 63:5-6).

Que tus últimos pensamientos ante de dormir, sean sobre la Palabra de Dios. Apaga el programa de televisión, cierra la novela que estés leyendo, echa a un lado todo trabajo y descansa en el Señor, al recordar su Palabra. Encontrarás que es más fácil hacer esto, si escoges un verso de las Escrituras para meditar en él en la mañana y luego el resto del día, repitiéndote a ti mismo entre dientes, frases y versos, en los momentos más difíciles de tu itinerario. Entonces, justo antes de dormir, trae una vez más a la memoria la verdad divina.

Aquellos que lo practican, informan poder descansar mejor. Una mente en paz y enfocada en la Palabra de Dios, produce un sueño pacífico y un estado de profundo relajamiento corporal. En una época, como en la que vivimos, donde se invierten casi mil millones de dólares al año en medios que ayuden a dormir, tenemos el mayor de todos: ¡La Palabra de Dios!

Satisfacción

En tu presencia hay plenitud de gozo.
Salmos 16:11

"¡*S*atisfacción garantizada!" Es la promesa que aparece en el anuncio de un nuevo auto, una refrescante bebida o unas vacaciones en un exótico centro turístico. Parece no haber fin a las promesas de realización de sueños y esperanzas del mundo comercial.

¿Conoces muchas personas que estén en verdad satisfechas? ¿Podrías usar la palabra «satisfecha», al describir la civilización en la cual vivimos?

Si tu respuesta es negativa, no estás solo. El autor Max Lucado, tampoco piensa que la nuestra sea una civilización satisfecha. Él dijo: "Eso es precisamente algo que no somos. No somos gente satisfecha..."

Al momento de finalizar una gran cena de Acción de Gracias, podemos declarar: "Estoy satisfecho." ¡La realidad es que quizás estamos más que satisfechos!, pero antes de que concluyan los juegos de fútbol de este día, estaremos de regreso en la cocina, escarbando entre las sobras.

Hacemos planes y ahorramos dinero por varios años para tomar las «vacaciones perfectas». Nos dirigimos hacia el destino donde los sueños se vuelven realidad, le damos rienda suelta a todo deseo de diversión, comida y fantasía y en dos semanas nos encaminamos de vuelta a casa con recuerdos maravillosos. Tal vez fueron dos semanas llenas de satisfacción ¿pero, quedaremos complacidos para el resto de nuestros días, una vez terminadas las vacaciones?

Quizás trabajaste con ahínco para construir la casa de tus sueños, el sitio donde eres rey e imperas sobre todo tipo de lujo y comodidad. ¿En realidad satisface esto tus más profundos deseos?

La satisfacción es algo difícil de obtener. El contentamiento nos elude. Se nos promete realización varias veces al día y las promesas se hacen vacías una vez que hemos «mordido la carnada» en diversas ocasiones. No existe nada sobre esta tierra que pueda satisfacer nuestros más profundos deseos.

En su libro, "*Mere Christianity*", C.S. Lewis, escribió lo siguiente: "Si encuentro en mí mismo un deseo que ninguna experiencia en este mundo pueda satisfacer, la explicación más probable, es que fui creado para otro mundo."

Fuimos creados para otro mundo, ¡el cielo! El deseo de satisfacción en nuestras vidas es muy fuerte. Sin embargo, las Escrituras dicen que hay una sola cosa que nos dará satisfacción: "Porque en él vivimos, nos movemos y somos; como algunos de vuestros propios poetas también han dicho: "Porque linaje suyo somos" (Hechos 17:28).

Su promesa de paz

*Estad quietos y conoced
que yo soy Dios.*

Salmos 46:10

Una mujer que fue criada en una inmensa granja en el estado de Pensilvania, recuerda momentos especiales transcurridos junto a su padre. Como las temporadas del cultivo y la cosecha cesaban durante los meses de noviembre hasta marzo, ella recuerda que su padre separaba este tiempo cada año solo para estar con ella.

"Durante los meses de invierno", nos explica ella, "papá no tenía que trabajar tanto ni tan arduo, como lo hacía durante el resto del año. De hecho, a veces me parecía que no trabajaba en lo absoluto.

"Durante estos largos meses de invierno, él solía sentarse cerca de la hoguera. Nunca rechazó mi petición de subir a su regazo y recompensaba mi esfuerzo al sostenerme muy cerca por varias horas a la vez. A menudo me leía un libro o me invitaba para que fuera yo, quien le leyera una historia. En ocasiones me quedaba dormida, mientras dialogábamos sobre cosas importantes para los papás y las niñas pequeñas. En otras ni hablábamos. Tan solo observábamos el fuego con detenimiento y disfrutábamos de la calurosa intimidad entre ambos. ¡Oh, cuánto atesoré tales momentos de intimidad!

»Al crecer, catalogué de extraña, la forma en que los demás chicos odiaban aquellos días de invierno «dentro» de sus casas. Para mí significaban el increíble placer de tener a mi padre muy cerca y para mí sola."[12]

Así como el invierno es la temporada designada por Dios para darle un descanso a la tierra, a veces nosotros también experimentamos una temporada "invernal" en nuestras vidas espirituales. El mundo nos podría parecer un lugar muy frío. Y como niños que le temen a los días, «dentro de casa», también podemos sentirnos sofocados y acorralados por estos inviernos espirituales.

Si estás experimentando una temporada de invierno seco. ¿Por qué no aprovechas esta noche, te aproximas con amor a tu Padre celestial y escuchas su gentil voz? ¡El amor y el consuelo que Él desea darte, con seguridad traerá alegría a tu corazón!

En los brazos de Dios

*"Ahora me levantaré —dice Jehová-,
pondré a salvo al que por ellos suspiran"*

Salmos 12:5RV60

*V*arios años atrás, dos mujeres jóvenes abordaron un barco de pasajeros, con la intención de cruzar el Canal de la Mancha, de Inglaterra a Francia. Casi a mitad de la trayectoria de cinco horas de duración, el barco enfrentó mal tiempo y uno de los miembros de la tripulación expresó que estaban experimentando una de las peores tormentas del año. El barco se movía con violencia sobre las aguas, de un lado para otro, a tal punto que aun los miembros de la experimentada tripulación, sintieron el efecto y enfermaron.

Cuando el barco golpeó contra las fuertes olas, las dos mujeres se encontraban en la parte posterior del mismo, comiendo un ligero almuerzo. Enseguida guardaron los emparedados y una de ellas se lamentó diciendo: "¡Es demasiado difícil comer, mientras uno está montado encima de un potro salvaje!"

Cuando se hizo evidente que el incidente no iba a disminuir, una de las dos mujeres decidió regresar a su asiento designado, el cual se encontraba justo en medio de la embarcación. Muy pronto se durmió profundamente y no experimentó más mareos. Casi al finalizar el viaje y después que el barco comenzó a navegar sobre aguas más calmadas cerca de la costa de Francia, la otra mujer se unió a ella. "¡Qué viaje tan pésimo!", exclamó. "¡Experimenté náuseas por unas dos horas!"

"Lo siento mucho", dijo la otra mujer, sintiéndose un poco avergonzada al tener que admitir no haber padecido tanto como su amiga.

"¿Acaso no te enfermaste?", preguntó con asombro la primera mujer. "No", admitió su amiga. "Aquí en nuestros asientos debí haber estado en el fulcro del movimiento del barco. Yo podía ver que la parte delantera y trasera del barco se movían con ímpetu, pero aquí, el movimiento era casi calmado. Tan solo me imaginé a mí misma siendo mecida en los brazos de Dios y me dormí."

Hoy día, a tu alrededor, la vida pudo haber estado incierta y tormentosa y quizá toda tu existencia estuvo dando brincos sobre aguas turbulentas. Pero, cuando regreses al "centro" de tu vida, el Señor, te llevará a puerto seguro. Permite que sea Él quien te acune y entre arrullos te haga dormir. Confía en que el día de mañana, Él te ayudará a navegar a través de las aguas agitadas.

Él nos hace cantar

*Puso en mi boca un cántico nuevo, un canto
de alabanza a nuestro Dios; muchos verán esto,
y temerán, y confiarán en el Señor.*

Salmo 40:3

El evangelista y cantante N.B. Vandall se encontraba
sentado en la sala de su casa leyendo tranquilamente el
periódico cuando de repente, uno de sus hijos entró a la
habitación y entre sollozos decía: "¡Pablo está herido! Un
auto lo atropelló y lo arrastró hasta el final de la calle!
Estaba sangrando por todas partes de su cuerpo, y
alguien vino y se lo llevó".

Vandall encontró a su hijo en un hospital cercano. El
chico había sufrido serias lesiones en la cabeza, conmoción
cerebral y múltiples huesos fracturados. El cirujano no
sabía si el muchacho podría sobrevivir. Lo único que el
turbado padre podía hacer era orar mientras el médico
limpiaba y cosía las heridas de la cabeza de Pablo y ponía
en su lugar los huesos fracturados. Todo lo demás estaba
en las manos de Dios.

Después que regresó a su casa para informar a la
familia de lo sucedido, Vandall fue a la sala y cayó de

rodillas mientras de sus labios se escuchó un sincero gemir: "¡Oh, mi Dios!" Casi al instante, en lo más profundo de su ser, Vandall pudo escuchar la voz de Dios diciéndole que no importa lo que suceda en el presente, en el más allá todas las lágrimas serán secadas y las penas cesarán. Vandall se acercó al piano y en breves minutos escribió un himno titulado "Después".

"Después del afán y el calor del día
Después que hayan pasado mis problemas,
Después que las tristezas sean quitadas,
Por fin veré a Jesús.
Él por mi esperando estará...
Jesús, bondadoso y fiel;
Y en su hermoso trono,
La bienvenida a casa me dará...
Después que haya acabado el día".

(Traducción libre)

Pablo se recuperó casi totalmente de sus heridas, y la fe que su padre tenía en Dios permaneció fuerte y firme, y eternamente agradecido.

Dios desea acompañarte en medio de las tribulaciones también, poniendo en tu boca un cántico de alabanza. Cuando quitas la mirada de tus luchas y te fijas solo en Él, su asombroso poder puede vencer cualquier situación que esté agobiándote.

Confianza en la cuerda floja

*Pero no me avergüenzo, porque yo sé a quién he creído
y estoy seguro de que es poderoso para guardar
mi depósito para aquel día.*

2 Timoteo 1:12

A mediados del siglo XIX, el caminante sobre cuerda floja de nombre Blondin, se preparaba para intentar su mayor hazaña. Extendió un cable de acero de dos pulgadas a lo largo de las Cataratas del Niágara. Una gran muchedumbre se congregó para observar. Entonces Blondin dijo al público presente: "¿Cuántos de ustedes creen que puedo cargar sobre mis hombros el peso de un hombre al cruzar este desfiladero?"

La muchedumbre incrementaba y lo aclamaban, creyendo que él sí podía llevar a cabo una proeza tan difícil. Blondin levantó sobre sus hombros un saco de arena que pesaba unas 180 libras y lo llevó cargado a través de las Cataratas. Ambos llegaron ilesos al otro lado.

Entonces Blondin preguntó: ¿Cuántos de ustedes creen en efecto, que puedo llevar una persona cargada a través del barranco? Otra vez la muchedumbre elevó gritos y aplausos de aclamación.

"¿Cuál de ustedes es el que subirá sobre mis hombros y me va a permitir que lo lleve al otro lado de las Cataratas?" Se hizo un gran silencio entre el público. Todos deseaban ver a Blondin llevar una persona cargada a través del desfiladero, pero nadie deseaba colocar sus vidas en las manos de Blondin.

Por fin, un voluntario dio el paso, dispuesto a participar en esta mortal hazaña. ¿Quién fue este individuo? Era el gerente administrador de Blondin, quien conocía por varios años y en persona, al caminante sobre cuerda floja.

Al hacer los preparativos para cruzar las Cataratas, Blondin le dijo a su gerente administrador: "No debes confiar en tus propios sentimientos, sino en los míos. Sentirás que tenemos que virar cuando no hay que hacerlo y si confías en tus sentimientos, ambos caeremos. Debes hacerte parte de mi persona". Ambos hombres llegaron ilesos al otro lado.[14]

Jesús nos da las mismas instrucciones, cuando en medio de circunstancias difíciles nos pide que confiemos en Él. "No confíes en tus propios sentimientos. Confía en Mí y te llevaré al otro lado."

Fragmentos

Aconteció que estaba Jesús orando en un lugar, y cuando terminó, uno de sus discípulos le dijo: Señor, enséñanos a orar.
Lucas 11:1

Margaret Brownley dice lo siguiente sobre las primeras cartas que recibió de su hijo desde el campamento: "Cuando el mayor de mis hijos se marchó por primera vez hacia el campamento de verano, yo parecía un manojo de nervios. Aunque tenía nueve años de edad, él nunca había pasado una noche fuera de casa y mucho menos una semana completa. Empaqué su equipaje con especial cariño, asegurándome que tuviese suficientes medias y ropa interior, para toda la semana. También incluí papel, lápiz, sobres y sellos para cartas, para que pudiera escribirme.

»Recibí su primera carta tres días después de haberse marchado. Abrí el sobre con prisa y leí con detenimiento la infantil ortografía que decía: *¡El campamento es divertido, pero la comida asquerosa!* Su próxima carta no ofrecía mayor información: *¡Jerry se orinó en la cama!* '¿Quién es Jerry?', me pregunté a mí misma. La tercera y última carta, contenía esta interesantísima noticia: *La enfermera dice que está roto.*

»Fragmentos. Pedacitos de información que apenas hacen mella sobre la superficie. Un avance de futuras atracciones que nunca se materializan. Estos me hicieron meditar sobre mis propios mensajes incompletos dirigidos a Dios. 'Querido Señor', es mi ruego cuando mi hijo tarda en llegar a casa, 'protégelo.' 'Dame fuerzas', es otra de las oraciones que elevo cuando enfrento a un vecino que es difícil o ante el reto de una chequera desorganizada. 'Dame sabiduría', es otra de mis plegarias favoritas al Señor en tono de inquieta murmuración, mientras espero mi turno durante una conferencia entre maestros y padres o cuando tengo que lidiar con un empleado difícil. 'Gracias Señor', digo antes de cada comida o cuando mis retoños se encuentran descansando y protegidos de noche en su habitación.

»Fragmentos. Pedacitos y pequeñas piezas de información. ¿Son las oraciones que elevo ante Dios tan insatisfactorias para Él, como lo fueron para mí, las cartas de mi hijo? Con gran sentido de culpabilidad, reconocí que había pasado mucho tiempo, desde la última vez que tuve una charla significativa con el Señor.

»Cuando mi hijo llegó a casa, me contó todo lo relacionado con sus aventuras. Fue bueno tenerlo a salvo y de nuevo en el hogar. 'Gracias Señor', dije en un murmullo y luego percibí lo que acababa de hacer. Había llegado el momento de enviarle a Dios, algo más que una rápida nota desde el «campamento»."[15]

Nadie como tú

Te alabaré; porque formidables,
maravillosas son tus obras; estoy maravillado,
y mi alma lo sabe muy bien.

Salmos 139:14

Cuando esta noche te acuestes sobre tu cama, extiende tus extremidades al máximo, luego relájate por un momento y medita en el hecho de que tu cuerpo ha sido formidable y maravillosamente creado. En este contexto, la palabra "formidable" es como el vocablo de calidad suprema, que en años recientes se ha hecho muy popular entre los adolescentes: "¡Genial!"

Cuando te detengas a pensar en todos los complejos detalles envueltos en el funcionamiento normal de tu cuerpo, una creación entre las innumerables especies y organismos del planeta, tendrás que llegar a la siguiente conclusión: "El Diseñador de *esta* obra, con certeza tenía un maravilloso plan."

Escucha el latido de tu corazón. Dobla los dedos de tus manos y de tus pies. Al hacerlo piensa que:

- en toda la humanidad no hay otra persona con las mismas huellas dactilares, de las manos o los pies,

- ninguna otra persona tiene tu timbre de voz,

- nadie más tiene tu código genético, la posición exacta de los muchos genes que definen tus características físicas.

Además, ninguna otra persona posee con exactitud tu historia en materia de tiempo y espacio. Nadie ha ido donde tú has ido, hecho lo que tú has hecho, dicho lo que tú has dicho o creado lo que tú has creado. Eres en verdad, una obra maestra única.

El Señor conoce con precisión, *cómo* y *por qué*, fuiste creado. Si en tu vida algo anda mal, Él sabe como arreglarlo. Cuando pecas o no cumples sus mandamientos, Él sabe cómo atraerte con lazos de amor y hacer que la peor de las tragedias y errores obren para tu bien, una vez te hayas arrepentido.

Has sido creado con exclusividad para un propósito específico en esta tierra. Él tiene un "diseño" para tu vida y lleva implícita su propia estampa, su propia marca. Durante estas horas de la noche, toma la firme decisión de ser fiel a lo que el Señor desea que seas y hagas.

El corazón del hogar

*Señor, tú nos has sido refugio
de generación en generación.*

Salmos 90:1

*P*or regla general, el concepto de "Hogar Dulce Hogar"
no evoca en nuestras mentes, imágenes relacionadas con la
alta tecnología. Pero la nueva casa del presidente ejecutivo
de Microsoft, Bill Gates, tendrá –y es algo que no debe
sorprendernos– lo más avanzado en comodidades y
facilidades tecnológicas. Cuando entras a su nueva casa,
recibes un dispositivo electrónico que debes adherir a tu
ropa. El mismo identifica quién eres y dónde te encuentras,
y está programado con tus intereses y gustos personales.

Al ir de una habitación a otra, la casa se adapta a tus
gustos. La temperatura en cada habitación se ajusta de
forma automática a tu preferencia y la música de tu
agrado te acompañará a donde te dirijas. Las imágenes
digitales que deseas ver, aparecerán en las paredes de las
habitaciones justo antes de que entres y desaparecerán
una vez te hayas marchado.

¿Y qué sucede si hay más de dos personas en una habitación? ¡Eso no es ningún problema! El computador seleccionará un programa que se ajuste al gusto de ambos.[16]

Tomando en consideración los grandes avances de la tecnología, es posible que algún día, todos podamos adaptar nuestros hogares para responder a los más inmediatos intereses, gustos personales y niveles de comodidad.

Pero existe algo referente al "hogar", que va más allá de la comodidad y la belleza del medio ambiente que nos rodea. El hogar es un lugar donde podemos ser nosotros mismos y en este sentido, ningún otro sitio en el planeta, llegará en realidad a serlo para nosotros.

En su libro, *Thomas Wingfold, Curate*, el autor George MacDonald expresó lo siguiente: "Pero en este mundo, hay cierta cosa en nosotros que no se siente en casa, lo cual considero, tiene secreta relación con cada estrella o mejor quizás, con aquello que hay en el corazón de Dios, de donde procede cada estrella... En cuanto a eso que hay en nosotros, este mundo continúa hasta ahora siendo extraño e inadaptable y necesitamos un sitio más hogareño. Así es, a la larga, ningún hogar logrará hacernos sentir que estamos en casa, como el hogar que es el corazón de Dios."

Mi reino por un poco de sueño

Acerquémonos con corazón sincero, en plena certidumbre
de fe, purificados los corazones de mala conciencia.
Hebreos 10:22

*N*o hace mucho tiempo que el Servicio de Rentas Internas (IRS), recibió un sobre en el cual había varios billetes de cien dólares sin nombre, dirección o alguna nota, solo dinero. Alguien se estaba sintiendo culpable.

Otro día, la misma institución recibió una caja grande conteniendo muchas cobijas tejidas a mano. La nota decía: "Por favor, vendan estas cobijas y usen el dinero para pagar mi deuda de impuestos." Como el IRS no está involucrado en el negocio de la venta de artículos, las cobijas fueron devueltas al remitente.

Cierto individuo creía que le debía $15.43 al Tribunal de Distrito de los Estados Unidos. El caso en cuestión se había celebrado unos dieciocho años atrás y en todo ese tiempo el individuo, así de sencillo, no logró ganar la batalla a su conciencia. El tribunal declaró que el hombre no debía tal suma de dinero, pero él rehusó creerles.

Otra mujer le escribió al IRS y expuso que se sentía culpable por haber mentido a la hora de pagar sus impuestos. Adjunto había un cheque y la siguiente nota: "Si aun después de haber enviado este dinero, no puedo dormir", dijo ella, "les enviaré más."

La Biblia tiene mucho que decirnos sobre las bendiciones de tener la conciencia limpia y de la agonía de una culpable. Tal vez, David fue el mejor ejemplo de un hombre que le prestó atención a su conciencia. Él cometió muchos errores, pero siempre reconoció y admitió lo que había hecho. David era un hombre que no podía dormir hasta hacer las paces con su Creador.

Él dijo: "Porque yo reconozco mis rebeliones y mi pecado está siempre delante de mí. Contra ti, contra ti solo he pecado y he hecho lo malo delante de tus ojos; para que seas reconocido justo en tu palabra y tenido por puro en tu juicio" (Salmos 51:4).

¿Somos nosotros tan honestos como David, al enfrentar nuestras faltas y defectos? Confesar nuestros pecados produce liberación de la culpa, paz mental y dulces sueños. Cuando te retires a descansar esta noche, examina tu corazón. Si encuentras algún pecado no confesado, procura la misericordia de Dios y Él te perdonará. Él es fiel y justo para remitir todos tus pecados y limpiarte de toda maldad. (Ver 1 Juan 1:9.)

¡Enfrenta el asunto!

*Airaos, pero no pequéis; no se ponga
el sol sobre vuestro enojo.*

Efesios 4:26

Uno de los eventos más controversiales ocurridos en América, fue cuando Bernard Goetz sintió que ya había tolerado demasiado y decidió no soportar ni un abuso más. Hizo lo que muchos han deseado; se defendió con arma en mano al ser atacado en el metro.

La acción de Goetz, recibió una efusión de apoyo. Había tocado un punto neurálgico en las personas que ya estaban cansadas de recibir constantes amenazas. Sin embargo, la crítica se hace escuchar cuando permitimos que las armas lleguen a manos de personas airadas y violentas. Para nosotros los cristianos, la ira puede ser una gran enemiga.

El comienzo de la ira, casi siempre pasa inadvertido: insignificantes momentos de enojo, frustraciones cotidianas, irritaciones menores, cosas que experimentamos a diario. Entonces, estas pequeñas cosas comienzan a acumularse, aumentan las presiones y se convierten en rabia. Sin un desahogo adecuado, la ira almacenada podría llegar al punto de la violencia y las consecuencias ser devastadoras.

¿Cómo lograr que nuestras pasiones, no lleguen a convertirse en ira incontrolable? ¿Cómo desactivar la furia que nos hace tomar represalias?

Existe un tipo de ira que es justa y piadosa, la cual nos impulsa a la acción, a corregir el mal y a defender al inocente. Sin embargo, el furor se vuelve pecado, cuando se viste de odio y su fin es el desquite. Cuando esto sucede, se presentan manifestaciones destructivas e inapropiadas. Podemos perder los estribos y actuar en formas tan dañinas, como la misma causa del enojo. Y peor aún, podemos acumular la ira y convertirnos en personas amargadas y resentidas.

Dice un antiguo proverbio: "¡El que se acuesta enojado, tiene al diablo como compañero de cama!"

Hay varias cosas que podemos hacer para asumir el control de la ira, antes de ser dominados por esta:

1. ¡Grítale a Dios primero! Él ya sabe que estás enojado.
2. Pídele al Señor que te permita entender el incidente, y de ser este el caso, te muestre la raíz de tu enojo.
3. Entrega la situación a Dios. Perdona a los que te han herido y deja que Él, se encargue de ellos. Permite que su poder se active en las circunstancias.
4. No hagas nada en lo absoluto, sin tener primero la completa paz interior que procede de Su Espíritu.

Entonces te acostarás a dormir con tranquilidad, reconociendo que Dios puede hacer que todo lo relacionado contigo, obre para bien a tu favor.

Todos los detalles

No se turbe vuestro corazón;
creéis en Dios, creed también en mí.
Juan 14:1

Aquel sábado, Andrea no estaba de ánimo para tolerar las payasadas mañaneras de su hijo de seis años. Mientras Steven discutía con sus amigos por un juego de video, ella sentía la presión de un montón de asuntos, que requerían de su inmediata atención. Los productos alimenticios recién comprados para la cena del próximo día, ocupaban todo el espacio disponible sobre el mostrador de la cocina. Debajo de ellos, la lección de Escuela Dominical que debía preparar. La ropa de toda una semana, aún por lavar, yacía amontonada entre el cuarto de lavandería y la cocina. Y para colmo, la desconcertante carta de un amigo lejano que se encontraba en gran necesidad, se balanceaba al borde del fregadero.

En medio de este alboroto, la maestra de Escuela Dominical de Steven, llamó por teléfono:

¿Irá Steven al carnaval con nosotros esta tarde?

—No mencionó nada al respecto.

—Bueno, pensamos partir cerca del mediodía. Si no llevó consigo a casa la nota solicitando el permiso de los padres, puedes escribir la información acostumbrada en un pedazo de papel y lo envías con él.

En cuanto Andrea notificó a Steven acerca del paseo, su disposición cambió y durante las próximas dos horas su comportamiento fue el de un "chico modelo."

Andrea estaba sacando un pastel del horno, cuando sonó el timbre de la puerta, seguido por un terrible disturbio. Corrió hacia la sala y allí encontró dos niñas, que agitaban papeles rosados, frente a su hijo que lloraba.

—¡No podré ir! —lamentó el chico—. ¡No tengo uno de esos papeles rosados!

Por supuesto que sí, la única diferencia es que el tuyo es blanco, dijo ella mientras secaba sus lágrimas. Luego puso el papel en el bolsillo y lo despidió.

Al regresar a la cocina, Andrea se preguntó: ¿Y por qué no vino a mí y me pidió el papel? ¿Acaso no ha sido mi hijo el tiempo suficiente, como para saber que yo tendría la solución?

De pronto, una leve sonrisa se vislumbró en su rostro al observar el caos a su alrededor y casi pudo escuchar a su Padre celestial decir: "¿Acaso no has sido mi hija el tiempo suficiente, como para saber que tengo todas las cosas bajo control?"[17]

Logrando la calma

Y mi sueño me fue agradable.

Jeremías 31:26

Es casi imposible dormir, si estás "demasiado tenso". ¿El recuerdo de los eventos del día, te impide conciliar el sueño? ¿Sientes a veces como si escalaras una montaña y empujaras una inmensa piedra con un palo diminuto? Memoriza las siguientes palabras:

Levantaré mis ojos a los montes; ¿de dónde vendrá mi socorro? Mi socorro viene del Señor, que hizo los cielos y la tierra.

Salmos 121:1-2 (LBLA)

¿Estás preocupado ante la posibilidad de cometer errores, de causarle una desilusión a tu jefe, o fallarle a tu familia? Graba en tu interior estas palabras:

No dará tu pie al resbaladero, ni se dormirá el que te guarda. He aquí, no se adormecerá ni dormirá el que guarda a Israel.

Salmos 121:3-4

¿Te afectan a tal grado las innecesarias ansiedades que a veces temes por tu vida o por tu salud? Memoriza lo siguiente:

El Señor es tu guardador; el Señor es tu sombra a tu mano derecha. El sol no te herirá de día, ni la luna de noche.

Salmos 121: 5-6 (LBLA)

¿Has comenzado ya a agonizar por las fechas límites del próximo mes, los impuestos por pagar el año venidero, la matrícula universitaria que hay que costear en diez años, o por suplir fondos a tu cuenta de jubilación de aquí a treinta años? ¿Cargas todo esto al disponerte a reposar tu cabeza en la noche, sobre la almohada? Aprende las siguientes palabras:

El Señor te protegerá de todo mal; Él guardará tu alma. El Señor guardará tu salida y tu entrada desde ahora y para siempre.

Salmos 121: 7-8 (LBLA)

¡Acabas de memorizar un salmo completo! Repítelo cada noche. Sustituye "tu" por "mi", y "te" por "me" de modo que lo personalices. Entonces, descansa sabiendo que Dios te tiene a ti, tu vida, y al resto del universo, bajo Su control.

En un lugar especial

*Cuando veo tus cielos, obra de tus dedos, la luna
y las estrellas que tú formaste, digo: ¿qué es el hombre,
para que tengas de él memoria?*

Salmos 8:3-4

Hace varios años, los cineastas de IMAX produjeron
una película titulada *Cosmos*. En dicha producción,
exploraron los "extremos" de la creación: el espacio
exterior visto a través del más poderoso telescopio y el
espacio interior, a través del microscopio más eficaz. Los
espectadores pudieron observar por sí mismos que en los
lugares más remotos del espacio, los grandes cúmulos de
materia (estrellas inmensas), parecen estar suspendidos en
un movimiento fijo y separados por inmensas áreas que
forman, en apariencia, un oscuro vacío.

También pudieron apreciar que lo mismo podría
concluirse, sobre las profundidades del espacio interior. Los
conglomerados de materia parecen estar suspendidos en
órbitas fijas y separadas por inmensas áreas que aparentan
ser un oscuro vacío. De hecho, el mundo de las estrellas

distantes, es casi idéntico en apariencia y forma, al mundo de los neutrones microscópicos. Además, ninguno de estos "extremos» de la creación, "ha sido explorado a plenitud. Ambos espacios, parecen extenderse hasta el infinito.

En vivo contraste, el mundo creado tal y como lo experimentamos a diario, se encuentra suspendido entre estos dos polos opuestos. Nuestro universo está saturado de colores variados, formas dinámicas, patrones diferentes, estaciones que cambian y funciones que se adaptan a las circunstancias.

Es como si Dios mismo colocara al hombre en el centro de Su amplia creación, con la cantidad máxima de complejidad, significado y capacidad para decidir. Nos encontramos, "colgando en la balanza," literal y en sentido figurado. El punto central entre lo grande y lo pequeño, entre la inmensidad del espacio externo y la inmensidad del espacio interior.

No solo hemos sido creados de un modo maravilloso, sino *ubicados* de igual forma, en la creación de Dios. El Señor tiene un lugar para la humanidad y de manera muy especial, para ti. Agradece a Dios en este día, por lo excepcional que eres. Deléitate en todo aquello que te hace ser exclusivo ante Sus ojos. Alábalo por la forma como te ha diseñado, por todo lo que puedes llegar a ser y por lo que en Él puedes lograr y dar.

La edad es asunto de actitud

El justo florecerá como la palmera...
Aun en la vejez fructificarán.
Salmos 92:12,14

En cierta ocasión le preguntaron a Helen Keller, cómo enfrentaría la vejez. Ella respondió:

"*La edad parece ser solo un impedimento físico más y no me atemoriza. Tuve un amigo muy querido de ochenta años de edad, quien me inculcó el hecho de que disfrutaba más de la vida, que cuando tenía veinticinco años.'Como dicen los franceses', recalcaba él,'nunca cuentes la edad que tienes, sino cuántos intereses tienes. No permitas que tus días se envejezcan al condicionarlos a las personas que te rodean o las cosas que forman parte del medio ambiente y por siempre morarás en la esfera de la hermosura que nunca se desvanece.'*

»Con certeza, para mí es muy natural creer que la mayor cosecha de felicidad viene con la edad y que el verdadero don de la vista radica dentro y no fuera del ser humano. Escalo con confianza la amplia escalera construida por la

fe y el amor, hacia las alturas donde 'alcanzaré los interminables confines del firmamento.'"[18]

El poema *"How Old Are You?"* "¿Qué edad tienes? ¿Cuán viejo eres?" Refuerza esta idea de que la *perspectiva,* es lo que determina nuestra edad:

> *La edad es un asunto de la mente:*
> *Si has echado a un lado tu sueño,*
> *Si la esperanza se ha enfriado,*
> *Si ya no miras al futuro,*
> *Si las llamas de tu ambición se han apagado –*
> *Entonces, eres viejo.*
> *Pero, si de la vida adquieres lo mejor,*
> *Y en tus días siempre existe el buen humor,*
> *Y al amor te aferras;*
> *No importa cuantos años pasen,*
> *ni que cumpleaños vuelen,*
> *Viejo no serás.*[19]

Años antes de que lleguemos a la llamada, "edad avanzada," decidimos si esa temporada será llena de gracia y momentos placenteros o una etapa en la que reviviremos con amargura las heridas de la vida. Las actitudes que manifestamos en el hoy, caracterizarán los días de nuestra vejez.

No es que sea con amor de perrito

Pero yo os digo: Amad a vuestros enemigos.
Mateo 5:44

Aarón y Abbey, llevaban casi un año de feliz matrimonio, cuando él le hizo un "obsequio" a Abbey que ella nunca deseó: un enorme perrito Chow, con patas del tamaño de pelotas de béisbol.

"Aarón, querido", dijo Abbey con firmeza "los perros y yo somos enemigos naturales. ¡Sencillamente no sabemos llevarnos bien!"

"¡Pero Abs!", dijo Aarón, llamándola con el nombre de su mascota con el fin de ablandarle el corazón, "verás que pronto te acostumbrarás a él."

Para ambos, era obvio que el perrito era un regalo para Aarón.

"Perri", nombre que por fin decidieron ponerle al animal, vino a ocupar un lugar incómodo en el hogar. Habiendo decidido que el animal debía comprender su lugar como enemigo personal, Abbey emprendió una campaña silenciosa en contra del cachorro.

Perri captó de inmediato su resistencia y por un tiempo reciprocó robando toallas, despedazando zapatos y muebles y llevándose cualquier artículo pequeño que Abbey estuviera usando, una vez que esta le daba la espalda. El perrito hizo caso omiso a sus intentos por corregirlo y así transcurrió el primer año de Perri, como miembro de la familia.

Cierto día, Abbey notó un cambio en la actitud de Perri. Para su sorpresa, el cachorro comenzó a darle una alegre bienvenida cada vez que ella llegaba a casa, rozando su mano con el hocico y lamiendo sus dedos en un amistoso "hola". Cada vez que ella lo alimentaba, él se echaba por un instante y la miraba con adoración antes de comenzar a comer. Para colmo, el perrito comenzó a acompañarla en sus caminatas matutinas, permaneciendo muy cerca para protegerla de otros perros, mientras ella transitaba por las desiertas calles.

Poco a poco, Abbey fue humillada por el amor de Perri, hasta lograr una tregua. Hoy día, dice que la persistencia de Perri le ha enseñado mucho sobre cómo amar a los enemigos. Ella dice que Perri está ganando la pelea, pero no se lo digan a Aarón.[20]

¿Conoces a alguien, quizás un miembro de tu propia familia, que necesita algún tipo de expresión de tu amor, en vez de tu resistencia?

Olas de pasión salvaje

*Derribando argumentos y toda altivez que se levanta
contra el conocimiento de Dios, y llevando cautivo todo
pensamiento a la obediencia de Cristo.*

2 Corintios 10:5

El poeta americano del siglo dieciocho, Fitz-Green Halleck, escribió lo siguiente: "Ocurre un crepúsculo del corazón, cuando hay un intervalo de calma en sus olas de pasión salvaje." ¡Cuántas personas anhelan que llegue ese momento!

Para millones de individuos, los últimos pensamientos del día son: "¿Cómo puedo conseguir aquella cosa o persona que deseo?" "¿Cómo puedo lograr una mejor posición en esta vida y alcanzar el éxito que parece eludirme?" "¿Cómo puedo vencer a mi enemigo y derrotar a mi adversario?"

De acuerdo con el apóstol Juan, tales pensamientos son "deseos de la carne, deseos de los ojos y la vanagloria de la vida" (1 Juan 2:16). Tales deseos pueden crecer en nuestras mentes y corazones hasta ocupar cada segundo que pasamos despiertos. En este nivel de intensidad, ellos desafían el sueño, porque requieren de trabajo... nuestro trabajo, planificación, diligencia, decisiones y nuestro esfuerzo... para poder producir una recompensa que sea, "nuestra recompensa", lo único que puede satisfacer el orgullo.

¿Cómo lograr que estas "olas de pasión salvaje" se conviertan en un intervalo de calma y sosiego? Juan nos ofrece la solución: Decide apasionarte por alguna otra cosa, por algo eterno. "No améis al mundo... el mundo pasa y sus deseos; pero el que hace la voluntad de Dios permanece para siempre" (1 Juan 2:15,17). Toma la decisión de, "llevar cautivo", tus pensamientos y dirígelos hacia aquello que es eterno y cuyas recompensas también lo son. ¡Si vas a permanecer despierto por causa de algún anhelo, que tal deseo sea por las cosas del Señor!

Decide pensar en lo que podrías hacer para hacer crecer el reino de Dios. Por ejemplo, escribirle una carta a un prisionero, hacer un obsequio a alguien con necesidad, un acto bondadoso a favor de un amigo anciano, compartir una palabra de exhortación con un niño o un adolescente. Como dijo cierto predicador: "¡En vez de contar ovejitas de noche, cuenta las muchas formas en que el Cordero de Dios, Jesucristo, desea que amemos a sus ovejas! ¡Verás como el diablo te permitirá dormir de inmediato!"

¿Y tú, qué dirías?

*Vosotros sois la sal de la tierra...
Vosotros sois la luz del mundo.*

Mateo 5:13,14

De pie y en fila junto con su pelotón del Ejército Rojo, Taavi ya había resuelto en su mente lo que iba a decir. Los oficiales se dirigían hacia él y en el camino le hacían la misma pregunta a cada uno de los soldados en la fila: "¿Eres cristiano?" "No", fue la respuesta. Entonces se acercaron al próximo: "¿Eres cristiano?" "No", contestó.

Los jóvenes reclutas permanecían parados en atención, con la mirada fija hacia delante. Los interrogadores se acercaron un poco más al joven estonio de dieciocho años de edad, que había sido reclutado por el Ejército Rojo durante la ocupación de su país, por los soviéticos.

Taavi era creyente desde hacía varios años. Aunque en su país solo se les permitía ir a la iglesia a los mayores de edad, la abuela de Taavi había compartido el evangelio con su joven nieto. Él había aceptado a Jesucristo como su Salvador, y aunque no le era permitido asistir al templo, su abuela le enseñaba lo que iba aprendiendo durante la semana.

Los interrogadores se acercaron. Taavi nunca dudó de cuál sería su respuesta. Varios años atrás había tomado una firme decisión, pero aún así estaba nervioso. Cuando los oficiales llegaron a su lugar en la fila, le preguntaron: "¿Eres cristiano?" Sin vacilar, Taavi dijo con voz clara, "Sí."

"Entonces ven con nosotros", fue la orden del oficial a cargo. Taavi los siguió al instante. Subieron a un vehículo y se dirigieron hacia el edificio donde estaba la cocina y el comedor. Taavi no tenía la más mínima idea de lo que estaba por suceder, pero obedeció las órdenes.

Los oficiales le dijeron: "Te vamos a sacar del entrenamiento de combate. Eres cristiano y sabemos que no vas a robar, por lo tanto te vamos a colocar en la cocina." En la cocina se gestaba la mayor operación de mercado negro del Ejército Rojo. En ella se llevaba a cabo el contrabando y la venta ilegal de alimentos para los hambrientos soldados. Ellos sabían que la presencia de Taavi reduciría el robo.

Cuando seas retado por causa de tu fe, levántate y proclama con audacia la verdad. Dios estará contigo y Él recompensará tu fidelidad.

Un sueño tan hermoso

Y me mostró la gran ciudad santa de
Jerusalén, que descendía del cielo de Dios.
Apocalipsis 21:10

*T*reinta hombres, con los ojos inyectados en sangre y despeinados, estaban de pie ante un juez del tribunal de la policía de San Francisco. Eran parte del grupo de "borrachos y revoltosos," que a diario se presentaban ante el juez. Unos eran ancianos y endurecidos, mientras que otros dejaban caer con vergüenza sus cabezas sobre su pecho. El desorden momentáneo que se creaba al traer los prisioneros cesó y en ese momento de calma algo extraño sucedió. Se dejó escuchar una fuerte y diáfana voz que comenzó a cantar: "Anoche mientras dormía, tuve un sueño tan hermoso..."

¡Anoche! O fue una pesadilla o un estupor de borrachera para todos. La canción hablaba sobre un contraste directo y convincente: "Yo estaba de pie en la antigua Jerusalén, allí junto al Templo."

La canción continuó. El juez hizo una pausa e indagó con serenidad al respecto. Un antiguo integrante de una compañía de ópera muy famosa en toda la nación, esperaba ser enjuiciado por falsificación. Era él quien cantaba desde su celda.

Mientras tanto, la canción continuaba y cada hombre que se encontraba en fila se emocionó. Uno o dos de ellos cayeron de rodillas; un chico exclamó entre sollozos: "¡Oh madre, madre!"

Los sollozos podían escucharse desde cada esquina de la sala del tribunal. Por fin un hombre protestó y dijo: "¿Señor juez, tenemos que someternos a esto? Estamos aquí para recibir nuestro castigo, pero esto..." Y él también comenzó a llorar. Era imposible proceder con los negocios del tribunal y sin embargo, el juez no dio la orden de detener el canto: "¡Jerusalén, Jerusalén! ¡Canta, porque la noche se acaba! ¡Hosanna en las alturas!"

En un éxtasis de melodía se dejaron escuchar las últimas palabras, y luego hubo silencio. El juez miró los rostros de los hombres que estaban frente a él. No había ni uno solo, que no se conmoviera por la canción; ni uno solo en quien no se produjera un impulso de piedad.

El juez no llamó a los casos en forma individual; compartió con los hombres unas bondadosas palabras de consejo y luego los despidió a todos. Ningún individuo fue multado o sentenciado esa mañana. La canción logró hacer mayor bien que cualquier castigo.

Los logros del día

Porque en él vivimos, y nos movemos, y somos.

Hechos 17:28

Cuando se les pregunta a las personas si es mejor ser orgulloso o humilde, la mayoría dice "humilde", porque se nos ha enseñado que el orgullo es un pecado. Sin embargo, si pensamos que ser humilde significa que tenemos que denigrarnos o contentarnos con la mediocridad, entonces la definición de humildad que tenemos, no es la correcta.

Humildad significa, que bajo cualquier situación estamos dispuestos a ser enseñados, conociendo que Dios es mayor que todos y que tenemos mucho que aprender. La humildad viene cuando reconocemos que Dios nos ama tal y como somos y que Él será paciente con nosotros al esforzarnos por llegar a ser como su Hijo en carácter, palabra y acción.

El conferenciante y autor Denis Waitley escribió lo siguiente:

"El punto final del discurso es que el gozo no es otra cosa, que aceptarte a ti mismo tal y como eres en este momento – una persona de valor, imperfecta, cambiante, y en crecimiento. Debes reconocer que quererte a ti mismo y sentir que a tu manera especial eres una buena persona, no es por obligación, una actitud egoísta. Enorgullécete por los logros alcanzados y más importante aún, disfruta de la persona única que eres, por el solo hecho de estar vivo en este momento. Debes entender la verdad de que aunque como individuos, no todos nacimos con atributos mentales y físicos iguales, sí nacimos con iguales derechos para sentir la emoción y el gozo de creer que merecemos lo mejor que ofrece la vida."[21]

¡Si en el día de hoy lograste una victoria, si ganaste el premio, si hiciste lo debido, si dejaste de pensar solo en ti mismo y extendiste tu mano de amor y caridad hacia otro ser humano, regocíjate en ello! Deléitate en saber que el Señor está obrando *en* y *a través* de tu vida.

Deleitarte en la obra de Dios, no es orgullo. Es una forma de alabar a tu Padre, quien se enorgullece cada vez que triunfas de acuerdo a Sus principios y diseño. Toda la gloria es para Él. Es por Él, que podemos alcanzar el éxito.

Limpiador celestial de manchas

*Que las misericordias del Señor jamás terminan,
pues nunca fallan sus bondades; son nuevas
cada mañana; ¡grande es tu fidelidad!*

Lamentaciones 3:22-23 (LBLA)

"Que caiga la nieve, que caiga la nieve, que caiga la nieve." Es el grito de los chicos de edad escolar que se escucha en todo lugar, donde por fin llega la temporada de invierno.

Primero, se atrapan los incipientes copos de nieve con la lengua. Después que algunos ya han caído sobre tierra, entonces se puede comenzar a hacer bolas de nieve y se libran grandiosas batallas. Varias pulgadas después, es el momento de construir hombres y castillos de nieve y cuando la alfombra de nieve alcanza un espesor considerable, lo máximo es hacer ángeles de nieve.

¿Recuerdas los ángeles de nieve? Una vez escogida el área que tenga una buena extensión de nieve, te paras con los brazos extendidos hacia los lados y te dejas caer hacia atrás sobre lo que se siente como una fría y húmeda nube. Permaneces acostado de espaldas por unos breves instantes y fijas la mirada en el cielo. Una vez que comiences a sentir el frío, mueves los brazos y las piernas hacia los lados como si fueran aletazos sobre la nieve. Entonces, te pones en pie con mucho cuidado y admiras tu obra maestra.

Entre las bolas y los hombres de nieve, los fuertes y los ángeles, es muy corto el tiempo que transcurre, hasta que cada pulgada de nieve es usada. Se pueden apreciar manchas y pedazos de hierba seca allí donde se escarbó profundo para hacer un hombre de nieve. Lo que antes fue un prístino paisaje, está ahora atropellado y surcado.

Pero algo mágico que ocurre durante la noche. Mientras duermes, la nieve vuelve a caer. Cuando amanece miras por la ventana y encuentras otra limpia y blanca alfombra que ha cubierto todas las manchas del día anterior. Todo lo feo, es hecho hermoso otra vez.

No desesperes, cuando lo que comenzó como un hermoso día se torne en algo sombrío. Aun cuando sean inútiles nuestros propios esfuerzos por «arreglarlo» o "limpiarlo", este puede aún ser redimido.

El mismo Dios que convirtió la humillación y la vergüenza de la muerte de su Hijo en la cruz, en el regalo de salvación para todos los que en Él creen, puede tomar los trapos andrajosos de nuestra vida cotidiana y convertirlos en nuevos otra vez cada mañana.

Dios creador

*Señor, digno eres de recibir la gloria y la honra
y el poder; porque tú creaste todas las cosas,
y por tu voluntad existen y fueron creadas.*

Apocalipsis 4:11

Cuando vemos una hermosa obra de arte o escuchamos una emocionante sinfonía, nos preguntamos: "¿Quién es el artista? ¿Quién es el compositor?" Cuando observamos las maravillas de la naturaleza a menudo nos sentimos inspirados de igual forma: "¿Cómo llegó hasta aquí? ¿Quién hizo todo esto?"

W. Phillip Keller escribió lo siguiente:

"*Debe ser muy difícil para los escépticos, los ateos y los agnósticos, observar la salida o la puesta del sol. El esplendor de su gloria, la hermosura de sus colores, la intensidad de su inspiración que procede del corazón amoroso del Padre, son para el incrédulo nada más que respuestas químicas y físicas a estímulos externos. Con razón su mundo es tan frío* y sombrío, su desesperación tan profunda y su futuro tan triste."[22]

Los escritores de las Escrituras también vieron a Dios en Su creación:

"Los cielos cuentan la gloria de Dios"
Salmos 119:1

"Porque la tierra estará llena del conocimiento del Señor, como las aguas cubren el mar."
Isaías 11:9 (LBlA)

"Dios... cabalga sobre los cielos para tu ayuda, y sobre las nubes con su grandeza."
Deuteronomio 33:26

"Porque las cosas invisibles de él, su eterno poder y deidad, se hacen claramente visibles."
Romanos 1:20

"Cuando alababan todas las estrellas del alba y se regocijaban todos los hijos de Dios."
Job 38:7

¿Puedes ver tú a Dios en el mundo que te rodea? ¿Cuán grande es Él para ti?

Después de la oscuridad, el amanecer

Mas vosotros sois linaje escogido, real sacerdocio nación santa, pueblo adquirido por Dios, para que anunciéis las virtudes de aquel que os llamó de las tinieblas a su luz admirable.

1Pedro 2:9

A principios de siglo, había cierto empleado de la ciudad, que había desperdiciado su juventud en malos caminos. Una noche, durante una campaña evangelística, el joven nació de nuevo en sentido espiritual. Poco tiempo después, se encontró con uno de sus antiguos amigos, con quien antes bebía. Reconociendo que su compañero necesitaba a Jesús, intentó testificarle sobre la paz que había encontrado. Él lo rechazó con dureza, y se rió de él por haberse "convertido en un piadoso."

Hagamos una cosa dijo el recién convertido, tú sabes que soy el farolero de la ciudad. Cuando voy apagando las luces, miro hacia atrás y la calle entera por donde he andado, está en completa oscuridad. Así mismo era mi pasado.

Entonces el joven continuó:

Miro hacia el frente, y veo una larga hilera de brillantes luces que me guían y así es el futuro, desde que encontré a Jesús.

Sí dijo el amigo, pero cuando vas de uno en uno y llegas al último farol, y lo apagas ¿dónde estás entonces?

Entonces, dijo el joven creyente, te diré que cuando se apaga el último farol, es porque llegó el amanecer y cuando la mañana llega, no hay necesidad de faroles.

Muchos hijos llevan consigo el temor a la oscuridad, en una u otra forma de temores, hasta que son adultos. Temor al fracaso, al rechazo, a la pérdida, al dolor, a la soledad o a la desilusión. Cada uno de estos temores, parece crecer en la oscuridad. La oscuridad es una metáfora para muchas cosas: la muerte, la noche, la incertidumbre, el mal, pero en todas ellas, Jesús es la Luz que trae iluminación y consuelo.

Cuando la luz brilla, no solo se elimina la oscuridad, sino que se alivian los temores. ¡Claro que sí! Jesús no solo te da tanta luz como necesites para proceder en fe, sino que por causa de su sacrificio en el Calvario, puedes tener la seguridad de Su eterno amanecer, cuando el último farol se apague. Como dijo el farolero: "...y cuando llega la mañana, no hay necesidad de faroles."

Evaluando el día

Esto traigo a mi corazón, por esto tengo esperanza:
Que las misericordias del Señor jamás terminan,
pues nunca fallan sus bondades.

Lamentaciones 3:21-22 (LBLA)

*E*n el libro *You Don't Have to Be Blind to See* (*No tienes que ser ciego para ver*), Jim Stoval, escribe lo siguiente:

"*T*us valores son los que determinan tu carácter y establecen el marco para las decisiones que tomas, así como para evaluar el éxito alcanzado. En otras palabras, tus valores proveen la armazón necesaria para el proceso de autoevaluación y rendir cuentas por tus propios actos..."

"*C*ada noche antes de ir a la cama, hago una revisión del día que acabo de vivir, y hago una evaluación del mismo. Sobre varias cosas que he hecho o dicho y sobre las decisiones tomadas digo: 'Eso estuvo bien. Eso fue grandioso. Aquello no fue nada bueno.' Al examinar mis acciones y decisiones, puedo hacer las correcciones pertinentes en medio del camino, en mi esfuerzo por lograr ciertas metas. Al evaluar mis hechos, puedo cerrar los ojos y disfrutar de una sensación de realización de *estar un paso más cercano al cumplimiento de mi destino en esta tierra.".*

Evaluar tu día y tus valores a la luz de la Palabra de Dios, es un ejercicio muy valioso. Él mismo te brinda la oportunidad de eliminar el remordimiento o el pesar y podrás entonces limpiar la pizarra y dejarla lista para el escrito divino del siguiente día.

Cuando traes a memoria aquellas cosas por las que sientes remordimiento o pesar, pídele al Señor que perdone tu pecado, te dé la fortaleza para apartarte del mismo, hacer compensación por tus errores y te ayude a rectificarlos en la medida y dondequiera que sea posible.

Cuando traes a la memoria aquellas cosas de las que estás orgulloso, alaba a Dios por la sabiduría, fuerzas y habilidad que Él provee a través del día. Pídele que use tus "buenas obras" y tus "buenos juicios" en la extensión de Su reino sobre la tierra.

Antes de retirarte a dormir, coloca en las manos de Dios lo bueno y también lo malo. Puedes descansar en la esperanza de un nuevo mañana, porque Su misericordia y compasión te brindarán una nueva oportunidad de enderezar lo torcido, edificar sobre las cosas buenas y de proyectarte hacia el futuro en Su poder y amor.

Un Shabat

*Mas os gozaréis y os alegraréis para
siempre en las cosas que yo he creado.*

Isaías 65:18

¿Qué es aquello que causa en lo más profundo de tu
corazón ese cálido y emocionante sentimiento? Ciertos
olores, como el aroma del pan casero acabadito de sacar
del horno o el olor canela que emana de la caliente sidra
de manzana, producen en ti la sensación de que todo
anda bien.

¿Y qué tal el crujiente fuego de una hoguera, para
ahuyentar la húmeda frialdad de una noche lluviosa? Eso
te hace sentir que la vida es buena.

¿Y qué diremos del silbido de una tetera, avisando que
está lista para elaborar un pote de tu té favorito o de
pasar tiempo escuchando una pieza predilecta del
"Moonlight Sonata," de Beethoven? ¿Cuándo fue la última
vez que te sentaste al aire libre para hacer nada en
especial, excepto observar la puesta del sol?

Para Oscar Hammerstein, ese cálido y emocionante
sentimiento de que-todo-anda-bien, proviene de los

"bigotes de los gatitos y cálidos guantes de lana". ¿Y algunas de tus cosas favoritas, cuáles son?

¿Cuándo fue la última vez que te otorgaste a ti mismo el permiso de "producir nada" y tan solo disfrutar algunas de las simples cosas que ofrece la vida?

Cuando no le dedicamos tiempo a los ratos libres o al relajamiento; cuando cedemos todas nuestras horas a las ocupaciones y al incesante activismo, estamos viviendo bajo la insignia de que "todo depende de mí y de mis esfuerzos."

Por consiguiente, el Señor ha ordenado un día de descanso, el *Shabat,* para disfrutar de su creación, para que dediquemos tiempo a reflexionar y recordar lo que Él ha hecho por nosotros y todo lo que Él es. El *Shabat,* es el tiempo para recordar que Dios es Dios, y que nosotros no lo somos.

El día de descanso no tiene que ser el domingo. Puedes tomar un *Shabat* de descanso cada vez que te relajas y decides enfocar tu atención en Dios y en Su creación. A veces, lo mejor que uno puede hacer es descansar. Podrás tener alguna *otra* cosa que hacer, pero nada *mejor* que un descanso.

Relájate y tan solo recréate en la creación de Dios. Después de todo, Él *creó* todas las cosas para que las disfrutes.

Decisión en el ocaso

Y si no os parece bien servir al Señor, escoged hoy a quién habéis de servir... pero yo y mi casa, serviremos al Señor.

Josué 24:15 (LBLA)

Jenny Lind, mejor conocida como "el Ruiseñor Sueco", alcanzó llegar a la cima del éxito mundial como una talentosa cantante de ópera. Tuvo la oportunidad de cantar ante jefes de estado de muchas naciones y estremeció a cientos de miles de personas en una época cuando todas las presentaciones eran en vivo.

No solo aumentó mucho su fama, también su fortuna. Sin embargo, en la cumbre de su brillante carrera y en un momento cuando su voz había alcanzado el pináculo de la excelencia, la famosa cantante se retiró de los escenarios y nunca regresó.

Debió haberle hecho falta la fama, el dinero y los aplausos de miles, supusieron sus fanáticos, pero Jenny Lind estaba contenta de vivir en quietud y lejos del tumulto junto a su esposo.

En cierta ocasión, un amigo británico fue a visitarla. La encontró a la orilla de la playa con una Biblia sobre sus rodillas. Al acercarse a ella, se percató que toda su atención estaba concentrada en una magnífica puesta del sol.

Ambos hablaron sobre días pasados y antiguos conocidos y a su tiempo la conversación giró hacia el tema de su nueva vida. "¿Cómo llegaste a la decisión de abandonar el escenario en la cumbre de tu carrera?"

La tranquila respuesta que Jenny ofreció, fue un reflejo de la paz que sentía en su corazón: "Cada día que pasaba, mi estilo de vida me hacía pensar menos en esto (colocando un dedo sobre la Biblia) y absolutamente nada en aquello (apuntando hacia la puesta del sol). ¿Qué otra cosa podía hacer?"

¿El éxito y las muchas ocupaciones, te han robado algunos de los regalos más preciados de Dios? La próxima vez que no puedas ver la puesta del sol, o tener un tiempo de oración debido a un ocupado itinerario, recuerda las prioridades de Jenny.

Nada en esta vida es de tanto valor como la relación con tu Padre celestial, seguido por los lazos con familiares y amigos. La máxima realización no se alcanza a través de una carrera o el dinero, sino por medio de una relación con Dios y con los demás.

Aprende a soltar

*Olvidando ciertamente lo que queda atrás,
y extendiéndome a lo que está delante, prosigo a la meta del
supremo llamamiento de Dios en Cristo Jesús.*

Filipenses 3:13-14

El mono araña es un pequeño animal autóctono de Centro y Sur América. Es tan veloz como el relámpago y por lo tanto muy difícil de atrapar cuando está en su medio ambiente. Por varios años, se intentó dispararle a estos monos con tranquilizantes o atraparlos usando mallas, pero el animal resultó ser más veloz que cualquier intento del hombre. Entonces, alguien descubrió el mejor método para capturar al esquivo animal.

Encontraron que si se coloca un maní dentro de una botella de cristal transparente que tenga la apertura angosta y uno espera, se puede atrapar al mono araña.

¿Qué sucede? El mono araña mete la mano dentro de la botella para agarrar el maní y no podrá sacarla mientras esté cerrada y sosteniendo su premio. En proporción a su tamaño, la botella es tan pesada que el mono no la puede arrastrar y el animal es tan persistente que rehúsa soltar el maní una vez esté en su poder. De hecho, aun depositando a su lado una carretilla llena de bananas y cacahuates, el mono no suelta su único cacahuate.

¿Cuántos de nosotros somos así? Rehusamos cambiar un hábito, ser un poco más flexibles, probar un nuevo método o dejar a un lado algo que sabemos está trayendo destrucción a nuestras vidas. Nos aferramos con porfía a *nuestro camino*, aun cuando este produzca dolor y sufrimiento.

No te aferres hoy a una situación negativa que puede estarte robando vitalidad, energía, creatividad y el entusiasmo de vivir. Como dice el sabio dicho: "¡Aprende a soltar y deja que Dios se encargue del asunto!"

Confía en que el Señor te guiará hacia el consejo sabio y las nuevas oportunidades que tiene reservadas para ti. Cree que Él ha de proveer lo que en verdad necesitas para vivir una vida pacífica, balanceada y plena. ¡Quizás nunca pierdas el deseo por los cacahuetes, pero con la ayuda del Señor, podrás discernir cuando estos están atrapados en botellas de cristal!

Roca firme

He aquí yo he puesto en Sión por fundamento una piedra aprobada angular, preciosa, de cimiento estable.

Isaías 28:16

El himnólogo del siglo dieciocho Edward Mote, no estaba consciente de su necesidad de Dios hasta los dieciséis años de edad. Siendo aprendiz de un ebanista, acompañó a su maestro a escuchar a un gran evangelista y al instante se convirtió. Desde ese momento en adelante fue un hombre de Dios, pero le tomó cincuenta y cinco años ver hecho realidad uno de sus sueños: la construcción de un templo para su congregación bautista local.

En un acto de gratitud a él, por haber sido el motor principal detrás de la construcción del nuevo edificio, le fue ofrecido el título de propiedad, cosa que él rechazó. Lo único que quería era el púlpito, para predicar acerca de Cristo. "¡Cuando yo deje de hacerlo", les dijo Edward, "échenme de la iglesia!"

Entre los más de cien himnos que escribió, Mote es principalmente reconocido por el título "La Roca Firme".

La inspiración para el coro le llegó una mañana, mientras se alistaba para ir a trabajar y antes de finalizar el día, ya había escrito las primeras cuatro estrofas. El siguiente sábado, fue a visitar a una hermana en la fe que estaba a punto de morir y le cantó el himno. La moribunda mujer se sintió tan consolada por aquel, que su esposo le solicitó a Mote una copia del mismo. Él accedió, pero luego de haberle añadido dos estrofas más.

Sorprendido por el impacto del himno en la pareja, Mote hizo imprimir y distribuir mil copias. Hoy día, este himno continúa siendo uno de los más queridos por la iglesia.

> *Mi esperanza no descansa en otra cosa*
> *Que en la sangre y la justicia de Jesús;*
> *En nadie más puedo confiar.*
> *Excepto a plenitud, en el nombre de Jesús.*
> *En Cristo, la Roca firme, me sostengo*
> *Todo lo demás es terreno cenagoso,*
> *Todo lo demás es terreno cenagoso.*[24]

Cada uno de nosotros construye algo sobre esta tierra; relaciones, una carrera o una estructura física. Debemos ser sabios y examinar a diario el fundamento, para asegurarnos que estamos construyendo sobre la Roca, que por siempre será.

Luces nocturnas

Porque tú eres mi lámpara, oh Señor;
el Señor alumbra mis tinieblas.
2 Samuel 22:29 (LBLA)

Un pastor del estado de Illinois, tenía seis parejas matriculadas en una clase para nuevos miembros, que se impartía los domingos por la noche en el hogar de una de las parejas. Aún después de completar el curso y añadirse a la membresía de la iglesia, continuaron reuniéndose todos los domingos por la noche. Disfrutaban el mutuo compañerismo y desarrollaron entre ellos un profundo sentir de compromiso.

Cierta noche, el pastor recibió una llamada de una de las esposas que pertenecía al grupo. El avión en el que viajaba su esposo se había caído y no sabían si estaba vivo o muerto. El pastor llamó de inmediato a los demás miembros del grupo, quienes se unieron a la esposa para apoyarla. Todos oraron con ella y estuvieron a su lado, hasta que se supo de la muerte del esposo. Entonces, varias de las mujeres comenzaron a turnarse para cuidar a los niños y acompañar a la señora durante aquellas primeras y difíciles noches.

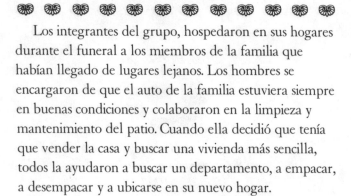

Los integrantes del grupo, hospedaron en sus hogares durante el funeral a los miembros de la familia que habían llegado de lugares lejanos. Los hombres se encargaron de que el auto de la familia estuviera siempre en buenas condiciones y colaboraron en la limpieza y mantenimiento del patio. Cuando ella decidió que tenía que vender la casa y buscar una vivienda más sencilla, todos la ayudaron a buscar un departamento, a empacar, a desempacar y a ubicarse en su nuevo hogar.

Para muchos, esta experiencia le podría parecer como una larga noche sin fin, como una imborrable sombra en sus vidas. Sin embargo, los amigos de la señora dejaron brillar sus luces en medio de su oscuridad y esto sirvió como recordatorio del Dios que comprende su dolor y que prometió ayudarla a través del mismo.

"Vosotros sois la luz del mundo," dijo Jesús. "Una ciudad asentada sobre un monte no se puede esconder. Ni se enciende una luz y se pone debajo de un almud, sino sobre el candelero, y alumbra a todos los que están en casa." (Mateo 5:14-15.)

En un mundo que parece ser cada vez más oscuro, permite que el Señor convierta tus tinieblas en luz. Entonces, podrás alumbrar las vidas de aquellos que están a tu alrededor, al convertirte en una de las "luces nocturnas" de Dios.

Correr sin combustible

Por tanto, queda un reposo para el pueblo de Dios.
Porque el que ha entrado en su reposo, también ha
reposado de sus obras, como Dios de las suyas.

Hebreos 4:9-10

Hace varios años, un investigador médico realizó un extenso estudio sobre la cantidad de oxígeno que necesita una persona a lo largo del día. Logró demostrar que el obrero promedio respira unas treinta onzas de oxígeno durante un día de trabajo, pero necesita treinta y una. Al final del día, al obrero le falta una onza y su cuerpo se siente cansado.

El obrero se retira a dormir y respira más oxígeno de lo que en realidad usa para dormir, así que al amanecer ha logrado recuperar 5/6 partes de la onza que le faltaba. ¡La noche de descanso no establece un balance completo del día de trabajo!

Al llegar al séptimo día, el hombre está 6/6 partes o el equivalente a una onza completa en deuda otra vez y para poder reponer los requerimientos de oxígeno que necesita su cuerpo, el obrero debe descansar un día completo.

Además, el médico demostró que reponer una onza completa de oxígeno, requiere entre treinta y treinta y seis horas (un día de veinticuatro horas, más la noche precedente y la posterior), cuando parte del descanso ocurre mientras uno está despierto y en movimiento.

Con el tiempo, el hecho de no reponer la provisión de oxígeno, tiene como resultado la muerte de células y a la larga, la muerte prematura del individuo.

Una persona es restaurada, siempre y cuando él o ella tome el séptimo día como un día de descanso.[25]

¿Te suena familiar? El Dios que nos creó, no sólo nos *invita* a descansar, sino que creó nuestros cuerpos de tal manera que *demandan* reposo.

La mayoría de las personas piensan que "guardar el sábado" es tan sólo un acto de devoción a nuestro Dios. Pero al enfocar tu atención en Él, podrás encontrar verdadero descanso y provisión para cada área de tu vida, espíritu, alma y cuerpo. Él no solo es nuestra fortaleza diaria, es también nuestra fuente de descanso, recreo y suministros.

Shalom

La paz os dejo, mi paz os doy.

Juan 14:27

Una palabra que aparece a través del Antiguo Testamento es "shalom." La misma se traduce a menudo como «paz», pero significa mucho más que la paz como consecuencia de una guerra o armonía entre enemigos. Shalom encarna una paz interior que produce en la vida del individuo, bienestar pleno, unidad y equilibrio. Describe un ambiente armonioso y familiar que tiene a Dios como centro.

En el acto de la creación, Dios convirtió el caos en orden y armonía. Él creó "shalom." Lo que destruyó "shalom," fue el pecado del hombre, pero siempre ha sido parte del plan de Dios el que sea restaurado, primero en el corazón humano y que de ahí fluyan relaciones sinceras.

En el libro de Apocalipsis, encontramos la gloriosa esperanza de que el Príncipe de Paz reinará sobre cielo nuevo y tierra nueva, que se describen como perfectos. De

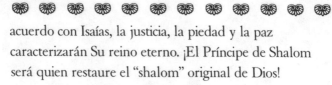
acuerdo con Isaías, la justicia, la piedad y la paz caracterizarán Su reino eterno. ¡El Príncipe de Shalom será quien restaure el "shalom" original de Dios!

Dios nos ha dado en su Palabra, muchas promesas de paz. Medita en Sus promesas de "shalom", y al hacerlo, las mismas inundarán tu corazón y tu mente con paz y eliminarán de tu vida la tensión cotidiana.

"Justificados, pues, por la fe, tenemos paz para con Dios, por medio de nuestro Señor Jesucristo." (Romanos 5:1).

"Mucha paz tienen los que aman tu ley, y no hay para ellos tropiezo." (Salmos 119:165).

"Cuando los caminos del hombre son agradables al Señor, aun a sus enemigos hace que estén en paz con él." (Proverbios 16:7 LBLA).

"Y el Dios de esperanza os llene de todo gozo y paz en el creer, para que abundéis en esperanza." (Romanos 15:13).

"Y la paz de Dios, que sobrepasa todo entendimiento, guardará vuestros corazones y vuestros pensamientos en Cristo Jesús." (Filipenses 4:7).

Tú puedes tener paz con Dios, en tu andar diario y con tus enemigos.

¡Shalom!

Mirar hacia el pasado

*Meditad en vuestro corazón estando
en vuestra cama, y callad.*
Salmo 4:4

*T*odos conocemos la historia que es el tema de la película *It's a Wonderful Life* (La vida es maravillosa). Billy, el tío de George Bailey, pierde $8,000 el mismo día que se presentó el inspector del banco y George se puso frenético. En medio de gran desesperación, se dirige a su hogar y observa a su familia y a su casa, con ojos llenos de desaliento. George determina que él es un fracaso en los negocios. Su hijo está enfermo, su casa a punto de derrumbarse a su alrededor; entonces ¿por qué no ponerle fin a sus días?

¡Gracias a Dios por Clarence! A través de una serie de eventos, este ángel sin alas le demuestra a George, lo que él ha significado para su familia y amigos. Sin la ayuda de George, su hermano Harry estaría muerto, el señor Gower, el farmacéutico, estaría en prisión, su esposa sería una sirvienta asustada y anciana y la comunidad de Bedford Falls, sería conocida como Pottersville, un pueblo tan malo y miserable como su tocayo.

Cuando George Bailey se dio a la tarea de analizar con honestidad su propia vida, pudo ver que a pesar de las decepciones, había a su favor más que suficientes triunfos como para equilibrar la balanza. Él había dado lo mejor de sí y ese esfuerzo había traído grandes bendiciones a su familia, amigos y a la comunidad en general.

Al final de la película, el hermano de George se refiere a él como "el hombre más rico del pueblo", y en todo lo que en realidad importaba, lo era.

¿Te has enfrentado a una crisis de conciencia similar a esta, en la que por un momento te has preguntado si tu vida tiene valor alguno? Medita en las siguientes palabras escritas por el Obispo Thomas Wilson, (1663-1755) y considera estas preguntas al final de cada día:

¿Qué bien estoy haciendo en este mundo?
¿Estoy criando a mis hijos en el temor de Dios?
¿He sido bondadoso y le he extendido una mano de ayuda a gente pobre y necesitada?
¿He sido honesto en todos mis negocios?
¿He estado viviendo en el temor de Dios y le he adorado en público y en privado?[26]

Lo más sabio es hacer un inventario reciente y frecuente de nuestras vidas. ¡No esperes hasta el último capítulo, para decidir cómo ha de concluir tu libro!

Cinco minutos

En paz me acostaré, y así también dormiré; porque
solo tú, Señor, me haces habitar seguro.

Salmo 4:8 (LBLA)

Si te levantas por la mañana tan agotado como cuando te acostaste la noche anterior, intenta recordar en qué estabas pensando los últimos cinco minutos antes de dormirte. Lo que pienses durante esos cinco minutos, va a impactar tu dormir y esto determinará cómo será el próximo día.

Cuando duermes, tu percepción consciente descansa, pero tu mente inconsciente permanece activa. Los sicólogos se refieren al subconsciente como el "subdirector auxiliar de la vida." Cuando la mente consciente está, "fuera de acción", la subconsciente asume el control. El subconsciente cumple con las órdenes que recibe, aún cuando no estés al tanto de ello.

Por ejemplo, si los últimos minutos antes de dormir los inviertes preocupándote, el subconsciente graba este sentir, lo cataloga como temor y entonces actúa como si fuera realidad. Como resultado, los músculos permanecen en tensión, los nervios están de punta y los órganos del cuerpo se alteran, lo que significa que el cuerpo no está descansando en realidad.

Sin embargo, si esos últimos cinco minutos son invertidos en contemplar una gran idea, un verso inspirador o un pensamiento calmado y alentador, el sistema nervioso interpretará: "Todo anda bien", y pondrá el cuerpo en un estado de relajamiento y paz. Esto te ayuda a despertar estimulado, fortalecido y confiado.

Muchos de los días que comienzan mal, se deben a la noche anterior, a esos últimos cinco minutos críticos de pensamiento consciente. Tú puedes afectar tu mente consciente con ideas saludables y positivas y preparar así el camino para una noche de verdadero descanso, si meditas en la Palabra de Dios al retirarte a dormir. Por ejemplo, podrías reflexionar en el salmo 91:1-2 (LBLA):

"El que habita al abrigo del Altísimo morará a la sombra del Omnipotente. Diré yo al Señor: Refugio mío, y fortaleza mía, mi Dios, en quien confío."

¡Felices sueños!

Serenidad

Hazme justicia, oh Señor, porque yo en mi integridad he
andado, y en el Señor he confiado sin titubear.

Salmo 26:1 (LBLA)

*M*uchas personas conocen la oración de la "Serenidad",
aunque es probable que la mayoría piense, que es el tipo
de plegaria para las horas de la mañana o momentos de
crisis. Considera otra vez, las palabras de esta oración:
"Dios, otórgame la Serenidad para aceptar aquellas cosas
que no puedo cambiar, la Valentía para cambiar las que
sí puedo y la Sabiduría para discernir la diferencia."

¿Habrá una mejor oración para hacer al finalizar el
día? Es necesario que renunciemos a aquellas cosas
irreversibles o que en el orden de Dios son invariables y
las entreguemos a Él. La verdadera paz mental viene al
confiar en que Dios siempre conoce más que nosotros
sobre cualquier situación. Él tiene el poder para, en Su
tiempo, tornar cualquier situación, de lo malo a lo bueno,
y de acuerdo a Sus métodos.

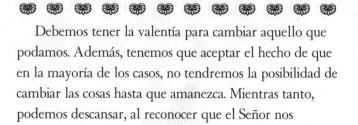

Debemos tener la valentía para cambiar aquello que podamos. Además, tenemos que aceptar el hecho de que en la mayoría de los casos, no tendremos la posibilidad de cambiar las cosas hasta que amanezca. Mientras tanto, podemos descansar, al reconocer que el Señor nos ayudará cuando sea el momento de tomar acción.

El punto central de la oración de la "Serenidad," se revela en su conclusión, donde nos habla de saber discernir entre lo que necesitamos aceptar y lo que necesitamos cambiar. Esto requiere sabiduría. Santiago nos dice: "Y si alguno de vosotros tiene falta de sabiduría, pídala a Dios, el cual da a todos abundantemente y sin reproche, y le será dada. Pero pida con fe, no dudando nada." (Santiago 1:5-6).

Al final del día, debemos reconocer que la sabiduría del Señor, no nos será dada *antes* de ir a dormir, sino quizás, *mientras* lo hacemos, para que al despertar tengamos las respuestas que necesitamos. Muchas personas han informado esto, como una realidad en sus vidas. Se acostaron enfrentando un problema, lo entregaron al Señor en oración y despertaron al otro día con una solución que parecía "tan clara como la luz del sol."

¡Pídele al Señor que esta noche, te permita disfrutar de verdadera serenidad!

¡Imprímelo!

Mirad, pues, con diligencia cómo andéis, no como
necios sino como sabios, aprovechando bien el tiempo.
Efesios 5:15-16

Cuando llegamos al final de nuestro día y nos preguntamos por qué las cosas nos fueron tan mal, por lo general no tenemos que mirar muy lejos para encontrar la respuesta. De alguna manera, perdimos nuestro sentido de dirección y no pudimos regresar al camino. Para asegurar que esto no nos suceda o por lo menos no tan a menudo, podemos seguir algunos consejos de Dewitt Jones, fotógrafo de la revista *National Geographic*.

Antes de partir hacia una de sus encomiendas, Jones sabe que necesita llevar consigo, una buena cámara con el lente apropiado. Hay diferentes lentes con perspectivas diferentes. Jones experimenta con ellos, hasta que encuentra el correcto.

1. Si en el trabajo enfrentas un problema que se ha convertido en obstáculo, intenta visualizarlo desde un punto de vista diferente. Ora para que sean "alumbrados los ojos de vuestro entendimiento." (Ver Efesios 1:18).

Otro factor importante es el enfoque. Con un giro del lente la imagen puede verse nítida por completo o si Jones prefiere, puede enfocar con claridad tan solo el sujeto que está en primer plano.

2. A veces nos enfocamos tanto en un solo aspecto del problema, que perdemos de vista el cuadro completo, otras circunstancias que influyan o la forma en que el mismo afectará a otros de no resolverse con justicia. Observa primero el cuadro total y luego considera todos los individuos que están involucrados.

Jones permite que todos sus instintos creativos, lo impulsen a buscar más de una posibilidad "«correcta» de tomar una serie de fotos. Él usa cerca de 400 rollos de película por artículo de revista y en cada artículo publicado emplea alrededor de 50 fotos.

3. No temas experimentar ideas y métodos nuevos. Pídele a Dios que te enseñe "cosas grandes y ocultas que tú no conoces" (ver Jeremías 33). Cuando Dewitt Jones vacía su cámara al final de una de sus encomiendas fotográficas, él sabe con certeza que le ha dedicado el mejor esfuerzo posible. Ha observado al sujeto que está fotografiando, de todas las formas imaginables.[27]

4. Si hemos encontrado la perspectiva correcta, si nos mantenemos enfocados en lo que en realidad es importante, dispuestos a intentar cosas diferentes y si hemos rehusado permitir que el temor al fracaso nos paralice, también nosotros podremos decir al final del día: "¡Imprímelo!"

Luz nocturna

No hay ningunas tinieblas en Él.

1Juan 1:5

Un pequeño niño sentía temor una noche al acostarse, ya que no podía ver en la oscuridad. Mientras su padre lo arropaba con la cobija, él le dijo:

¿Papá, me amas cuando todo está oscuro?

Por supuesto, hijo.

¿Me amas aún cuando no puedes verme y cuando yo no puedo verte a ti?

¡Más que nunca!

A menudo, cuando el sol se pone, los niños pequeños necesitan escuchar una promesa tranquilizadora y a veces los adultos también. De noche y en medio de la oscuridad, las preocupaciones y los problemas parecen ser mayores y el temor más fuerte. Esta oración puede ayudarte a experimentar tranquilidad antes de retirarte a dormir:

❧ ❧ ❧ ❧ ❧ ❧ ❧ ❧ ❧ ❧ ❧

Señor Jesús, tú eres luz de eternas luces.
Has disuelto toda oscuridad espiritual
Y mi alma de tu resplandor se llena.
Tu luz hace que todo sea hermoso.
Con el sol y la luna alumbraste los cielos.
Ordenaste que la noche y el día se sigan con quietud.
Creaste amistad entre las lumbreras mayores.
Que pueda yo ser amigo de todos los que conozca.

En las noches, descanso das a nuestros cuerpos.
De día, nos estimulas al trabajo.
Que pueda yo trabajar con diligencia y devoción,
Y al atardecer mi conciencia en paz esté.

Mientras de noche sobre mi lecho descanso,
Que tus dedos sobre mis párpados pasen.
Tu mano de bendición sobre mi cabeza sea
Y que piadoso sueño sobre mí descienda.

Gregory of Nazianzus[28]

Nuestro Padre celestial nos ama, aun en los oscuros momentos de preocupación y desesperación. Su mayor deseo en tiempos así, es que permitamos que la luz de Su Hijo Jesús, alumbre en medio de la oscuridad y disipe todas las sombras. ¡Permite que esta noche, Jesús sea tu luz nocturna!

Enfoque celestial

Porque somos hechura suya, creados en Cristo Jesús para buenas obras, las cuales Dios preparó de antemano para que anduviésemos en ellas.

Efesios 2:10

"Si lees historia, descubrirás que los cristianos que hicieron más por el mundo presente, fueron aquellos que más pensaron en el mundo venidero", escribió C.S. Lewis.

Investigaciones recientes atestiguan este hecho. Robert Wuthnow, informa lo siguiente: "Los cristianos tienden más a servir como voluntarios que los demás ciudadanos, son más propensos a dedicar tiempo significativo para cuidar al prójimo y a creer que es su deber hacerlo. Aquellos que asisten a la iglesia con regularidad, que participan en grupos de estudio bíblico y compañerismo, y experimentan gran satisfacción de la religión que profesan, son más activos como voluntarios, que aquellos cuya participación en la iglesia es mínima y sienten poca satisfacción en la fe que profesan."

Una razón por la cual los cristianos son más propensos a involucrarse en la ayuda al prójimo, es porque no ven sus vidas aquí en al tierra como la suma total de su existencia. De hecho, esta vida tan solo es una oportunidad para servir y hacer el bien.

Lo cierto es que los cristianos son ciudadanos de otro lugar: el cielo. Son personas, que tienen a su Padre en los cielos; sus tesoros y su hogar se encuentran también allí. Han nacido de arriba y sus afectos e intenciones están puestos en las cosas de arriba. Como ciudadanos del cielo, son embajadores que representan el reino celestial aquí en la tierra.

¿Qué significa ser un embajador?
- Un embajador es un representante.
- Un embajador es un extranjero en el país donde reside.
- Un embajador reside por un breve período de tiempo en el país donde vive.
- Un embajador siempre tiene en mente a quien él sirve; ese es su propósito.
- Un embajador ayudará a aquellos que desean emigrar a su país.

Esta noche, antes de acostarte a dormir, eleva tus pensamientos hacia el cielo. Al hacerlo, verás cómo cambia tu perspectiva sobre tu vida aquí en la tierra.

Amor eterno

Con amor eterno te he amado; por tanto,
te prolongué mi misericordia.

Jeremías 31:3

El hermoso himno titulado *Oh Love That Will Not Let*
Me Go (¡Oh! Amor que no me dejarás), fue escrito por el
ministro escocés George Matheson, quien era ciego por
completo. Aunque nunca reveló la motivación para tan
hermoso texto, muchos especularon que la boda de su
hermana le trajo a la memoria, un evento desgarrador.
Justo antes de la celebración de su propia boda con su
querida novia de la universidad, a ella le informaron de
su inminente ceguera. Se ha dicho que ella le manifestó:
"No deseo convertirme en la esposa de un predicador
ciego." Matheson hizo el siguiente relato:

"*Mi himno fue compuesto... la noche cuando se casó mi*
hermana... Me sucedió algo, de lo que solo yo tengo
conocimiento y resultó ser la causa del más severo
sufrimiento mental. El himno fue el fruto de dicho
sufrimiento. Fue el trabajo más rápido que he hecho en

toda mi vida. Tuve la impresión de que fuera dictado por una voz interna, en vez de producirlo con mi propio esfuerzo."

Después de haber experimentado el rechazo de un amante terrenal, Matheson escribió sobre un Amante celestial, cuyo amor es eterno y fiel:

> *Oh amor que no me dejarás,*
> *Descansa mi alma siempre en ti;*
> *Te doy mi vida y tú la guardarás,*
> *Y en lo profundo de tu amor,*
> *Más rica al fin será.*
>
> *Oh luz, que en mi sendero vas,*
> *Mi antorcha débil, rindo a ti,*
> *Mi corazón recupera su albor,*
> *Pues en tu brillante resplandor,*
> *Seré más íntegro y leal.*[29]

El amor que al principio te atrajo hacia Dios, es el mismo que esta noche te rodea y que estará siempre contigo, en cada situación. Cualquiera que sea el escenario en que te desenvuelvas, permite que sea Él, quien te consuele.

¿Qué deseas?

A ti, oh Dios de mis padres, te doy gracias y te alabo,
porque me has dado sabiduría y fuerza, y ahora me
has revelado lo que te pedimos.

Daniel 2:23

Los chicos pequeños reaccionan con rapidez al ambiente que los rodea. Los recién nacidos lloran de inmediato cuando tienen hambre, sed, cansancio o se han orinado. Los que comienzan a dar sus primeros pasos, no se avergüenzan a la hora de comunicar lo que hacen y lo que no desean.

Sin embargo, en nuestro crecimiento, la madurez nos enseña a usar el discernimiento para dar a conocer nuestros deseos, hasta el punto de poner en primer lugar en muchas situaciones, las necesidades de los demás.

No obstante, el Señor nos dice que actuamos como sabios cuando nos acercamos a Él como si fuésemos niños, haciéndole saber con precisión lo que necesitamos y anhelamos. Con la mirada fija en un hombre que Él sabía que era ciego, Jesús le preguntó: "¿Qué quieres que te haga?" (Marcos 10:51). A lo que el hombre respondió sin vacilar: "Maestro, que recobre la vista."

Jesús podía ver que el hombre estaba ciego, pero aún así le dijo que expresara su petición. De igual manera, "antes que vosotros le pidáis" (Mateo 6:8), Dios sabe lo que se necesita. Sin embargo, Él dice en su Palabra: "...sino sean conocidas vuestras peticiones [específicas] delante de Dios en toda oración y ruego" (Filipenses 4:6).

¿Por qué orar por aquello que parece ser obvio? Porque al expresar con palabras precisas lo deseado, esto viene a ser obvio para *nosotros*.

Si nos detenemos a escuchar nuestras propias peticiones, nos enfrentamos cara a cara con nuestras prioridades, dolores y excesos. Lograremos ver quiénes somos con mayor claridad, y de este modo aprovechar la oportunidad de arrepentirnos o de apreciar la esencia de algún asunto, algo que quizá hemos tratado de evadir o echar a un lado. En otras ocasiones sabremos con exactitud, dónde tomar la acción necesaria o decirle a alguien: "Basta ya."

Esta noche, expresa con audacia tus peticiones delante del Señor. Él te escuchará. Él te responderá. Muy importante, también te podrás escuchar a ti mismo y responder al Señor de forma diferente.

Deja que tu luz brille

Así alumbre vuestra luz delante de los hombres,
para que vean vuestras buenas obras y glorifiquen a vuestro
Padre que está en los cielos.

Mateo 5:16

Una pequeña niña se encontraba entre un grupo de personas, que eran guiadas en una excursión por una gran catedral. Mientras el guía daba explicaciones sobre las diversas partes de la estructura, el altar, el coro, la mampara y la nave principal, la atención de la pequeña estaba enfocada en una vidriera de colores.

Estuvo por largo tiempo, considerando en silencio la ventana. Al elevar la vista hacia las varias figuras que formaban parte del vitral, su rostro fue bañado en un arco iris de colores cuando el sol de la tarde inundó el ala cruciforme de la inmensa catedral.

Cuando el grupo se preparaba para continuar la gira, la niña se llenó de valentía y preguntó al guía: "¿Quiénes son las personas que están en ese vitral tan hermoso?"

—Esos son los santos" —respondió aquel.

Esa misma noche, mientras la niña se alistaba para acostarse, le dijo a su madre con orgullo:

—Sé quiénes son los santos.

—¿Lo sabes? —respondió la madre. ¿Y me podrías decir quiénes son?

Sin vacilar la niña respondió:

—¡Son las personas que dejan que la luz brille a través de ellas![30]

Al meditar en el día de hoy; ¿permitiste que la luz del Señor brillara a través de ti? A veces dejamos pasar estas oportunidades diciendo: "Me va a tomar más tiempo del disponible," pero la Biblia nos hace saber que todo lo que demos, regresará a nosotros, multiplicado. (Ver Lucas 6:38.)

Podemos apreciar este principio en la naturaleza. Una microscópica mota de radio, puede emitir una descarga de chispas que produce luz y calor y sin embargo, al hacerlo, su propia energía no se agota.

Como cristianos, hemos sido llamados a compartir la luz de Jesús en un mundo de tinieblas. Como rayos de luz que atraviesan el pesimismo y la oscuridad, podemos llevar esperanza y ánimo.

Recuerda, la luz de tu vida ofrece a los que están a tu alrededor, un atisbo momentáneo de Jesús, el Recurso de eterna y constante luz. ¡Al dejar que tu luz brille, esta aumentará cada vez más!

Tras el ocaso

Ahora vemos por espejo, oscuramente; mas entonces veremos cara a cara. Ahora conozco en parte; pero entonces conoceré como fui conocido.

1 Corintios 13:12

La habilidad de ver "tras el ocaso", de anticipar las glorias del mañana de Dios, permite al cristiano vivir con gozo y en victoria en cualquier circunstancia de la vida.

Virgil P. Brock, relató como escribió el amado himno "Tras el ocaso":

"*Este canto nació una tarde de 1936, durante una conversación sostenida mientras cenaba con un huésped ciego, mi primo Horacio Burr y su esposa Grace, después de observar una puesta del sol poco común en el Lago Winona, estado de Indiana. Una gran parte del agua parecía arder en llamas con la gloria de Dios, no obstante, se apreciaban amenazantes nubes de tormenta en el cielo. Nuestro huésped ciego comentó muy emocionado, nunca antes haber visto una puesta de sol más hermosa."*

"'Las personas siempre quedan asombradas cuando hablas de ver', le dije. 'Yo puedo ver', fue la respuesta de Horacio. 'Veo a través de los ojos de otras personas y pienso que a menudo, aumenta mi visión; puedo ver tras el ocaso.'

"La frase 'tras el ocaso', y la notable inflexión de su voz me impactaron de tal forma, que comencé a cantar las primeras partes del compás. Su esposa irrumpió: '¡Qué hermoso! ¡Ve al piano y cántala, por favor!'

"Nos dirigimos hacia el piano y completamos los primeros versos. Antes de terminar la cena ya habían sido escritas las cuatro estrofas y juntos entonamos el himno completo"

El primer verso de este hermoso himno dice:

*"Tras el ocaso, oh dichoso amanecer,
un comenzar eterno con nuestro Salvador.
Los afanes terrenales ya van a fenecer,
tras el ocaso, un glorioso fulgor"[31]*

Satisfacción

Yo he venido para que tengan vida,
y para que la tengan en abundancia.

Juan 10:10

La satisfacción es algo que toda persona parece anhelar. En su significado más simple, se refiere a estar "lleno a plenitud", tener un sentido completo de realización.

Si al final del día careces de esta sensación, debes hacerte la siguiente pregunta: "¿Qué no hice y debí hacer?" Con esto, estarás cuestionando tus valores, prioridades y metas. Al considerar las áreas en que no has cumplido como es debido, pídele al Señor te ayude a ser más disciplinado para que puedas hacer lo correcto, modificar tus prioridades y metas y refinar tus valores.

La falta de satisfacción no se debe a las circunstancias que te rodean o al comportamiento de otra persona. Es un asunto de perfecta armonía entre tu vida interior y la exterior, de modo que tu actitud demuestre aquello que confiesas con tu boca y crees en tu corazón.

Para Robert Louis Stevenson, esta fue la definición de una vida exitosa:

"El hombre victorioso es aquel que ha vivido bien, ha reído a menudo y ha amado mucho; que ha logrado el respeto de hombres inteligentes y el amor de los niños; que ha adquirido una buena posición y logrado su meta; que deja el mundo en mejor estado de como lo encontró, por haber mejorado una amapola, escrito el poema perfecto o por haber rescatado un alma; uno que nunca careció del aprecio por la hermosura de esta tierra ni dejó de expresarlo; alguien que siempre procuró ver lo mejor en los demás y dio lo mejor que tenía."[32]

¿Tienes una definición del éxito, que te ayude a medir tu propio sentido de satisfacción?

Aún queda tiempo para sentir satisfacción en el día de hoy. Dedica unos breves minutos para reflexionar sobre tus metas, prioridades y valores. Pídele al Señor que te muestre si necesitan modificación y cómo conseguirlo. Al meditar en ello, serás convencido a plenitud de que la verdadera satisfacción se logra tan solo al conocer y obedecer a Dios.

Reverencia, no ritual

*Pero él les dijo: ¿Por qué estáis turbados,
y vienen a vuestro corazón estos pensamientos?*
Lucas 24:38

¿Has conocido a alguien que al llegar cosas buenas a sus vidas, se pregunta: Cuándo Dios se las va a quitar?

Así creían, hace mucho tiempo, los paganos en Alemania y en Holanda. Si Johann se encontraba con Hans en el bosque y le decía: "¡Hola Hans! Compré el caballo que deseaba y a muy buen precio!" Enseguida ambos hombres se quedarían boquiabiertos, Johann correría al árbol más cercano y comenzaría a golpearlo.

Los paganos creían que los dioses vivían en los árboles y si estos escuchaban de alguna felicidad humana, les causarían daño. Al percatase de su error en el bosque que todo lo escucha, Johann golpeaba los árboles para ahuyentar a los diose, aun, cuando al pie de la letra, ya no era una costumbre «golpear sobre madera, la frase en sí fue suficiente para cumplir el mismo propósito: "Que mi buena fortuna no sufra un revés."

En nuestras vidas, es "Hágase tu voluntad", o "golpea sobre madera." O es Dios quien obra a nuestro favor y para bien o somos nosotros quienes debemos obrar con nuestras propias fuerzas.

¿Cuánta tristeza debe sentir nuestro Padre celestial al ver que por causa del temor, se nos roba el gozo que debemos experimentar al recibir sus bendiciones? Además, algunas personas sienten que la única forma de aferrarse a los momentos de gozo de la vida, es a través de buenas obras. Creen que si no cumplen ciertos rituales, corren el riesgo de perder cosas de valor. Como resultado, aquellos aspectos de la vida cristiana que deberían acercarnos al corazón de Dios, a menudo se convierten en ritos concebidos por deber y temor.

Cuando la ciudad de Hamburgo fue azotada por la peste y grandes multitudes murieron, los que estaban saludables, ante el mortal temor de enfermarse, llenaron las iglesias de la ciudad. No los motivó un acto de reverencia hacia Dios, sino el temor al cólera. En cuanto menguó la plaga, también disminuyó el celo del pueblo por adorar a Dios.

El Señor desea tener contigo una relación íntima y honesta, no una sobre un cimiento de temor a la pérdida o al fracaso. El, "temor de Dios," no significa que debes "temerle", sino respetarle. Esta reverencia nace de la confianza en Su amor. Acude a Él esta misma noche en busca de vida y no solo para evitar un desastre. Cuando lo hagas, te encontrarás con un Padre celestial que te ama, en forma completa e incondicional.

Como un niño

De cierto os digo, que el que no reciba el reino
de Dios como (lo hace) un niño, no entrará en él.
Marcos 10:15

Muchos son los padres que se han detenido ante el lecho de su hijo cuando este duerme, asombrados por el milagro de su vida, apresados por su dulce expresión de inocencia y perplejos ante su habilidad de dormir en completa paz, indiferente al disturbio que pueda existir a su alrededor.

Estos son los mismos padres que durante el día, también experimentaron gran frustración, ante la actitud desobediente y voluntariosa de su hijo y se maravillaron ante su ingeniosidad, energía, curiosidad o buen sentido del humor. Los hijos parecen personificar todos los extremos que hay en la vida.

¿Qué quiso decir Jesús al plantear que debíamos recibir y dar la bienvenida al reino de Dios como niños pequeños? No otra cosa, si no que debemos aceptar y abrazar la voluntad de Dios para nuestras vidas con el sentir de que "esto es lo apropiado, y mira cuán grandioso es", aceptar la voluntad de Dios sin debatirla, cuestionarla, sin preocupación o temor y con un sentido de deleite, expectativa e ilusión.

Cuando un niño abre un presente, no tiene la mínima duda de que la hermosa envoltura y el bello lazo, esconden una sorpresa que traerá felicidad. De igual forma, nosotros también debemos anticipar que el reino de Dios es un maravilloso regalo; que nos proporcionará gran deleite.

Andrew Gillies, escribió un hermoso poema, que describe la actitud de niño que el Señor desea ver en nosotros. Permite que el mismo sirva de inspiración, para tu oración de esta noche:

> *Mi pequeño hijo anoche me confesó*
> *Cierto error infantil;*
> *Y arrodillándose sobre mis rodillas,*
> *Con lágrimas oró...*
> *"Querido Dios, hazme un hombre como mi papi-*
> *Sabio y fuerte; ¡sé que puedes hacerlo!"*
>
> *Y luego cuando él dormía, junto a su cama me*
> *arrodillé y confesé mis pecados,*
> *Y con cabeza inclinada oré –*
> *"Oh, Dios, hazme un niño como mi hijo...*
> *Puro, inocente,*
> *Que confíe en Ti con fe sincera."[33]*

En esto pensad

*Sino que en la ley del Señor está su deleite,
y en su ley medita de día y de noche.*

Salmo 1:2 (LBLA)

En un estudio reciente, veintidós mujeres que padecían "altos niveles de ansiedad", fueron conectadas a monitores cardíacos y se les instruyó pasar diez minutos observando el latir de sus pulsos en relojes de pulsera especiales. Después de hacerlo por doce semanas, cada una de ellas había mejorado de forma definitiva sus niveles de ansiedad.

Al mismo tiempo, otras treinta y tres mujeres fueron puestas a prueba. El ejercicio asignado para reducir los niveles de ansiedad, fue la lectura de revistas. Leer resultó ser menos efectivo, que el simple hecho de observar los latidos del pulso. ¿Cómo reduce la ansiedad, el dedicar 10 minutos a observar el latir de tu corazón?

Uno de los médicos que participó en el estudio dijo que cuando uno se sienta y se concentra en estos ritmos estables, se ve forzado a permanecer en el momento actual. Al dedicar 10 minutos a esta tarea, la mente se desconecta del pasado y el futuro, los dos duendes de la vida moderna.

En un día completo, hay 960 minutos de trabajo (si es que dedicas ocho horas para dormir). Este médico señala que cada uno de nosotros, puede dedicar 10 minutos diarios a esta sencilla forma de meditación, en especial cuando el beneficio representa niveles de tensión reducidos.

En la Biblia, Dios le ordenó a Josué involucrarse en un tipo de ejercicio diferente. "Nunca se apartará de tu boca este libro de la ley, sino que de día y de noche meditarás en él" (Josué 1:8).

Cuando Josué meditaba en la Palabra de Dios, se concentraba en algo que lo ayudaría a vivir en ese momento, una vida de piedad y justicia. Lo principal en su mente era la pregunta: –¿Qué quiere Dios que haga ahora?– ¿Cómo puedo mantener mi dedo en el latir del corazón de Dios?"

Esta noche, cuando estés acostado en tu cama, coloca una mano sobre tu corazón y palpa por unos instantes el pulso de tu vida física. Entonces, vuelve tu atención hacia el pulso de tu vida espiritual, Jesucristo, quien mora en tu corazón.

Pregúntale a Jesús, qué desearía que pienses, mientras te quedas dormido.

Indicio de eternidad

*No mirando nosotros las cosas que se ven, sino
las que no se ven; pues las que se ven son temporales,
pero las que no se ven son eternas.*

2 Corintios 4:18

La eternidad, es un concepto difícil de comprender. En
términos humanos, parece ser un asunto de tiempo o más
preciso aun, sin límite de tiempo. Pero lo cierto es que la
eternidad es mucho más que una medida del tiempo.
Aquello catalogado de "eterno" posee una cualidad de
permanencia. Los beneficios de las cosas eternas no se
encuentran tan solo en el más allá; estas también proveen
una increíble sensación de satisfacción en esta vida.

El difunto Lorado Taft, uno de los grandes artistas de
América, a menudo expresaba que una verdadera obra
de arte debe poseer en sí misma un cierto "indicio de
eternidad." El escritor de Eclesiastés dice que Dios no solo
hizo todas las cosas hermosas, sino que ha puesto
eternidad en el corazón del hombre. (Ver Eclesiastés 3:11.)
Cuando confeccionamos una buena pieza de trabajo, sea

parte de nuestra vocación o no, podemos encontrar en ella un indicio de eternidad. El valor más perdurable que el oro y la plata.

Daniel Webster, uno de los estadistas más famosos de América dijo en cierta ocasión: "Si trabajamos sobre el mármol, el mismo perecerá; sobre el cobre, el tiempo se encargará de borrarlo; si construimos templos, al polvo serán reducidos; pero si trabajamos en las almas inmortales y las imbuimos de principios, con el justo temor de Dios y amor al prójimo, estaremos grabando en dichas tablas, algo que brillará por toda una eternidad."

Mientras uno va ascendiendo por una de las magníficas escaleras de la Biblioteca del Congreso, se puede leer en la pared la siguiente inscripción: "Demasiado bajo edifican aquellos que lo hacen por debajo de las estrellas."

En el proceso de edificar tu vida, hazlo con Dios para toda la eternidad. Al edificar la iglesia, hazlo para la gloria de Jesucristo y la salvación de las almas.

Pídele al Señor, que en esta noche te muestre cómo hacer que tu vida y tus esfuerzos cuenten para toda una eternidad. Ora para que Dios te haga consciente de la eternidad, mientras te enfrentas mañana a cada decisión y tarea.

Transita con suavidad, en medio de la noche

Como pastor apacentará su rebaño; en su brazo
llevará los corderos, y en su seno los llevará; pastoreará
suavemente a las recién paridas.

Isaías 40:10

"*S*uavidad", es una palabra dulce y consoladora. Evoca pensamientos de paz y descanso. En nuestros hogares, todos anhelamos esa sensación de paz. Deseamos disfrutar de un continuo tiempo de relajamiento, antes de retirarnos a descansar. Deseamos disfrutar refrescantes bebidas y conversaciones dulces y edificantes, noches libres de terrores y también sueños hermosos. Ansiamos ser tratados con suavidad. La suavidad es lo que define un ambiente reconfortante, edificante y calmado.

Garrison Keillor, describió de la siguiente forma, lo que él consideró una vida de suavidad:

"*L*o que mantiene nuestra fe en un estado de alegría
es la persistencia extrema de suavidad y humor. La

suavidad está en todas partes del diario vivir. Es una señal de que la fe gobierna a través de lo común: al cocinar y en las pláticas banales, al contar historias y hacer el amor, pescar, atender los animales, el maíz dulce y las flores; en los deportes, a través de la música, los libros y criar niños; en todos aquellos lugares donde la salsa ha manchado y la gracia brillado. Aún en un momento de colosal codicia y vanidad, uno nunca tiene que buscar muy lejos para poder apreciar la hoguera de aquellos que son de carácter suave y benévolo. Sin tener ningún otro propósito en la vida, sería más que suficiente el vivir a su favor."[35]

Aunque la suavidad es una calidad de ambiente que todos deseamos, sí debemos reconocer que esta comienza dentro del corazón. Esta gentileza de espíritu o mansedumbre, se describe en la Biblia como uno de los "frutos del Espíritu" (Gálatas 5:22-23).

Esta noche, decide tratar a tus familiares y amigos con suavidad y mansedumbre, amabilidad, sencillez y ternura. Al plantar semillas de gentileza, podrás cosechar una noche apacible para relajarte y encontrar descanso para tu cuerpo, mente y alma.

Conexiones vitales

*Por tanto, de la manera que habéis recibido
al Señor Jesucristo, andad en él; arraigados
y sobreedificados en él, y confirmados en la fe.*

Colosenses 2:6-7

El sistema de raíces de la hierba que crece en manojos en las montañas, es profundo, amplio y extenso. Una sola planta puede tener hasta diecisiete millas de raíces subterráneas. Esta robusta hierba puede tolerar el extenso pacer y pesado hollar del ganado, y cada año renueva su crecimiento.

Durante todo el año, la hierba en manojos provee proteína para los animales. Aun cuando está cubierta por la nieve en el invierno, ofrece valiosa alimentación a ciervos, carneros y caballos de la sierra. En el otoño, sus bronceadas briznas proveen una de las mejores fuentes nutritivas disponibles.

Los seres humanos también necesitan vastos sistemas de raíces, para que sus vidas sean alimentadas y poder sustentar también a otros. Nuestro sistema de raíces nos da las fuerzas para tolerar el ser "hollados" por los retos que a diario enfrentamos y la alimentación que necesitamos para reabastecer nuestros recursos cuando han "apacentado" sobre nosotros.

¿Quiénes integran nuestro sistema de raíces? Para la mayoría de nosotros, es la familia. Nuestros padres y parientes comenzaron a alimentarnos el día en que nacimos. No importan las millas o años que nos separen, siempre nos volvemos a ellos (o a los recuerdos de lo que nos enseñaron), en busca de sabiduría y dirección.

Otra parte de este sistema, lo integran individuos que están fuera de nuestro círculo familiar: amigos, compañeros de trabajo y personas de la iglesia, que nos han amado, han creído en nosotros y nos extendieron una mano de ayuda cuando luchábamos por ubicarnos en este mundo.

Más importante que todas estas, es nuestra vital conexión con Dios. Si tu familia, amigos, compañeros y miembros de tu iglesia te dejasen, Dios nunca lo hará. Él es el único que conoce todo sobre tu persona, y aún así continúa amándote. Él te da los deseos de tu corazón y forja tu destino.

Deja que tus raíces caven con profundidad en la tierra de la amorosa presencia de Dios y Él te dará el alimento que necesitas, hasta que fluya y se derrame sobre las vidas de los que te rodean.

Cuarenta pestañeos

*Ni se dormirá el que te guarda. He aquí no
se adormecerá no dormirá el que guarda a Israel.*
Salmo 121:3-4

¿Cómo es que médicos jóvenes pueden estar de turno
por casi veinticuatro horas, día tras día y aún así
mantenerse alerta en medio de una crisis?

Un grupo de investigadores belgas decidieron efectuar
un estudio con médicos residentes de un hospital y los
efectos de sus penosos horarios. Se midieron los niveles de
tensión, después que ellos trabajaron por un período de
veinticuatro horas, que abarcó servicio en la sala de
emergencias, deberes de las salas normales y la unidad de
cuidado intensivo, seguidos por un regreso al finalizar su
turno a la sala del hospital, por la cual son responsables.

Aunque la falta de descanso representó un papel
importante en los elevados niveles de hormonas
relacionadas con la tensión, los investigadores llegaron a
la conclusión, de que una pesada carga de trabajo,
añadida a responsabilidades de mayor escala, fue el
principal factor de la tensión. Otra forma de analizar el
estudio es plantear que es posible desempeñar una
excelente labor, aun cuando uno está agotado.

¿Alguna vez has intentado permanecer despierto por más de veinticuatro horas? Es una proeza casi imposible para la mayoría de nosotros. Algunos científicos creen que ciertos químicos que inducen el sueño son producidos por el cerebro y a la larga nos derriban. Pero en ciertos trabajos (tales como ser médico) o en responsabilidades que requieren atención las veinticuatro horas (como la paternidad), algunos de nosotros tenemos que, de vez en cuando, cumplir con doble tiempo.

Descansados o no, tenemos que estar preparados para entrar en acción sin aviso previo. Sí, podemos hacerlo, en especial si hemos procurado mantener nuestra carga de trabajo normal y demás responsabilidades dentro de los límites.

En una emergencia médica, son varias las personas que cumplen con los servicios requeridos y es necesario que haya un trabajo de turno que garantice que todos descansen el tiempo suficiente, para lograr el buen desempeño en sus labores.[36]

En tus momentos de necesidad, debes estar dispuesto a solicitar la ayuda de otros. Y por encima de todo, procura el auxilio de tu Padre celestial. Él nunca duerme, Él puede velar por ti y proveer todo lo que necesitas en cada momento, ya sea despierto o que dormido.

Tiempo disponible

Sabiduría ante todo, adquiere sabiduría.
Proverbios 4:7

Los aparatos y dispositivos modernos que ahorran tiempo, nos ofrecen la oportunidad de tomar decisiones sobre cómo hacer uso de nuestro tiempo. Podemos invertir menos tiempo haciendo las cosas que no disfrutamos y así tener más tiempo para aquellas, que sí son de nuestro deleite. ¿Pero, qué es lo que disfrutamos hacer?

Amy Wu, estudiante universitaria de veintidós años de edad, nos escribió acerca de su tía, quien "atiende su casa." como si ella fuera su hija. La casa está limpia a la perfección. Olores de comidas caseras se sienten por toda la casa. Hay rosas del jardín colocadas con arte en hermosas vasijas. Su tía tiene los medios económicos para mantener un ama de llaves, pero ella disfruta hacer sus propios quehaceres.

Amy continuó diciéndonos: "Soy un total fracaso en cuanto a los quehaceres del hogar. He escogido ser inepta e inculta en aquellas cosas que mi tía ha invertido tanto tiempo perfeccionando. A los trece años de edad, evité todos los quehaceres domésticos, como parte de mi contribución al movimiento de liberación femenina. Hasta el día de hoy, he pensado que había cosas más importantes que hacer."

Pero, aquellas, "cosas más importantes," no resultaron serlo tanto. Ella continuó diciendo: "En realidad no estamos usando el tiempo ahorrado en asuntos de valor... la mayoría de mis amigas invierten los minutos adicionales mirando la televisión, escuchando música, yendo de compras, no haciendo nada en particular, charlando por teléfono o echando una siesta."

Un día ella se dispuso a preparar una cena para su familia. Mientras los alimentos se cocinaban, decidió escribirle una carta a su prima. Luego confeccionó un pastel de chocolate para celebrar el cumpleaños de su hermana. Fue todo un éxito: "Esa noche, sonreí al ver a mi padre y a mi hermana, disfrutar la pasta y luego el pastel, y chuparse los dedos en un acto de gratitud. Había pasado mucho tiempo desde la última vez que me sentí tan orgullosa. Una semana más tarde, mi prima me llamó agradeciéndome la carta. Era la primera que había recibido en los últimos dos años."

Ella concluyó diciendo: "Es cierto que mi generación tiene todos los avances tecnológicos al alcance de la mano. Somos diestros en materia de computación y tenemos más tiempo disponible. ¿Pero, para qué lo estamos ahorrando en realidad? Al final, podríamos estar perdiendo más que lo logrado, al olvidarnos de las cosas que tienen verdadera importancia en la vida."[37]

¿Cómo estás invirtiendo el tiempo libre? ¿Igual que las amigas de Amy? ¿Cuidando de la familia? ¿Creciendo cada vez más en tu relación con el Señor? ¡Sabiduría ante todo, adquiere sabiduría!

Fuegos del hogar

Que enseñen a las mujeres jóvenes a amar
a sus maridos y a sus hijos.

Tito 2:4

*E*rnestina Schuman-Heink, no ha sido la única en preguntar: "¿Qué es un hogar?" Mas, su respuesta, es una de las más hermosas, que jamás hayan sido escritas:

"Un techo para protegernos de la lluvia. Cuatro paredes que no dejan entrar el viento. Sí, pero un hogar es mucho más que eso. Es la risa de un bebé, el cántico de una madre, la fuerza de un padre. Es la calidez que emana de corazones amorosos, la luz que brilla en ojos felices, es bondad, lealtad, y compañerismo. Un hogar es para los chicos la primera escuela e iglesia, donde aprenden lo correcto, lo bueno y el afecto. Es donde acuden en busca de consuelo cuando están heridos o enfermos. Es donde padre y madre son respetados y amados. Es el lugar donde los niños son queridos. Es el sitio donde el alimento más sencillo, es digno de un rey, porque ha sido fruto del trabajo. Es donde el dinero no

importa tanto como el amor. Incluso allí, la tetera canta de felicidad. Así es el hogar. Y que Dios lo bendiga." [38]

Dios nos pide que le llamemos "Padre", y la vida en familia es el corazón del Evangelio. A través de Jesucristo, Dios el Padre ha forjado un método para adoptar muchos hijos. Como resultado, las Escrituras tienen mucho que decirnos sobre cómo debe ser un hogar feliz. La vida familiar buena nunca es un accidente, sino el logro alcanzado por todos los que la comparten.

Cuando nuestro Padre celestial se convierte en el centro de nuestros hogares, el mismo será un reflejo de Él. Pero lo cierto es que, a veces, es más fácil decirlo que hacerlo. ¡Y para ayudarnos, nos ha dado sesenta y seis libros de la Biblia! Debemos aprender cuál es su manera de pensar y de actuar. Entonces, debemos enseñarles a nuestros hijos lo que Él nos enseña.

Mantener ardiendo los fuegos del hogar, es permitir que la Palabra de Dios y su presencia, dirijan tu camino, de tal forma que las llamas del amor del señor, ardan en los corazones de cada miembro de tu familia.

La mesa del comedor

Y tomó el pan y dio gracias, lo partió y les dio.

Lucas 22:19

*E*n esta sociedad moderna, con sus frenéticos horarios, restaurantes de comida rápida y hornos microondas, los miembros de la familia con demasiada frecuencia "logran comer algo," cuando y donde les sea posible, y lo hacen "a la carrera".

No obstante, cuando reflexionamos acerca de los buenos tiempos transcurridos junto a nuestros familiares, a menudo los recuerdos se concentran en las cenas compartidas, no solo en las celebraciones de importantes días festivos, sino en la conversación cotidiana de la familia durante la cena. Al sentarnos juntos a la mesa, no solo compartimos alimentos, también nuestras vidas.

Elton Trueblood, ha escrito con elocuencia sobre este tiempo de la cena familiar.¡Quizás ha llegado el momento de volver a instituir esta práctica en nuestras vidas!

"¡La mesa del comedor, es en realidad el altar familiar! Aquí se reúnen de diferentes edades, y

*contribuyen a sustentar su existencia física y espiritual.
Si un sacramento es "un portador de significado y
poder espiritual mediante proceso material," entonces
la cena familiar podría ser un sacramento. El mismo
entrelaza lo material y lo espiritual en forma
extraordinaria. El alimento, de por sí solo, es algo físico,
pero representa en su uso, el servicio humano. Aquí, en
una mesa común, se encuentra el padre que lo adquirió,
la madre que lo preparó o planeó y los hijos que lo
comparten, de acuerdo a la necesidad, cualquiera que
haya sido su participación previa."*

Cuando reconocemos que una cena en unidad, puede
llegar a ser una profunda experiencia espiritual y
regeneradora, podremos entonces entender por qué
nuestro Señor, al partir pan junto a su pequeño grupo de
amigos, cerca del final de sus días de compañerismo sobre
la tierra, les dijo que hicieran esto cada vez que quisieran,
en memoria de Él. También nosotros, procuramos ser
miembros de su sagrado compañerismo y sin tener en
cuenta cómo es que celebramos la Eucaristía, no hay razón
alguna por la cual todas las cenas familiares no puedan
convertirse en un tiempo de recuerdos y esperanza.[39]

¿Cuándo fue la última vez que se reunieron todos los
miembros de tu familia, para cenar juntos?

Pesca

Y vivirá todo lo que entrare en este río.
Ezequiel 47:9

Hubo una época, en que la pesca era una destreza necesaria para la supervivencia. Si deseabas comer, aprendías a pescar. Mucho tiempo después se convirtió en una forma de recreo. En esta época moderna en la que vivimos, se ha convertido en un deporte y los pescadores compiten para ver quien pesca el primer pez, el mayor, el más incontrolable o la mayor cantidad.

Para el purista, la pesca continúa siendo una oportunidad de compartir con la naturaleza, de llegar a ser uno, con las grandes expansiones al aire libre. Debemos reconocer algo: La primera regla de la pesca, cuando te encuentras sentado en un bote y en medio de un lago es, ¡hacer silencio! Quizás puedas obviar esta regla al pescar en el océano o al hacerlo de pie en medio de una corriente de agua, pero en un lago o en una charca, es imperativo que haya silencio.

Para el pescador ávido, la pesca significa más que alejarlo del ruido y la confusión de la vida cotidiana. Solo con pensar en pasados viajes de pesca, él logra escapar, aunque sea por momentos, de su atareado día y de su sofocante oficina.

Puede recordar el resplandor del sol y la luna sobre el agua, los animales e insectos que atienden sus propios negocios, sin prestarle la menor atención a los humanos en medio de ellos. Viene también a su memoria, la satisfacción que se siente al estar a solas aunque no en soledad y aquellos especiales períodos cuando escogió compartir sus tranquilos retiros con uno o dos amigos. Recuerdos como estos, son como un banco en medio de un bosquecillo en un fresco día de primavera, un lugar donde uno puede recostarse y respirar profundo.

En sentido figurado, todos necesitamos un bote en medio del lago en el cual escapar de vez en cuando. Precisamos un lugar donde poder sentarnos, lanzar el anzuelo al agua y esperar con paciencia hasta que los peces decidan morder. ¿Y si no muerden, qué importa? Cualquier pescador que ame la pesca, diría que el asunto no es llenar siempre la cubeta de peces. A veces, la pesca solo tiene que ver con el calor del sol sobre tu cabeza, el viento que golpea tu cara y la paz que invade tu alma.

Descansa en el Señor

El que habita al abrigo del Altísimo,
morará bajo la sombra del Omnipotente.
Salmo 91:1

Se cuenta la historia de un barco de vapor británico que naufragó hace mucho años en una costa rocosa. Doce mujeres se lanzaron a las oscuras y tormentosas aguas en un pequeño bote salvavidas, y el «agitado» mar, pronto las alejó del barco naufragado. Al no tener remos, se encontraron a merced del viento y de las olas. Pasaron toda una noche siendo golpeadas de un lado a otro por la furiosa tempestad.

Es muy probable que hubiesen perdido toda esperanza, de no haber sido por la fortaleza espiritual de una de las señoras, muy reconocida por su labor en oratorias santas. Ella oró con calma y en voz alta, rogando por protección divina. Luego, instó a sus compañeras a depositar su confianza en el Señor, y las animó entonando himnos de consuelo.

En las oscuras horas de la noche, su voz se dejó escuchar por encima del océano. Al día siguiente, muy temprano en la mañana, se acercó una pequeña embarcación que buscaba sobrevivientes. El timonel no hubiese podido encontrarlas en medio de la neblina, de no haber escuchado a una mujer cantando una pieza musical de la obra *Elías*. "¡Oh, descansa en el Señor, espera paciente en Él!" Al dirigir la embarcación en dirección a la fuerte voz, logró identificar el bote salvavidas que navegaba a la deriva. Muchos perdieron sus vidas esa noche, pero estas, que confiaron, fueron rescatadas.

¿Has pasado alguna larga noche de insomnio, en la que las pruebas y "tormentas" del día, rehúsan dejarte? ¿Has tenido la experiencia de no poder dormir, a causa de preocuparte por lo que traerá el siguiente día? Quizás te has sentido que navegas a la deriva en medio de un océano de responsabilidades, sin esperanza de ser rescatado.

En vez de permanecer sumido en preocupaciones, frustraciones, temor o ira, intenta entonar himnos de fe, en silencio o en voz alta. Al concentrar tus pensamientos en el grande y verdadero Salvador, es muy probable que comiences a sentir que descansas en Sus brazos y te entregues a la deriva de dulces sueños.

Agudiza tu enfoque

"Porque yo sé los planes que tengo para vosotros"
declara el Señor "planes de bienestar y no de calamidad,
para daros un futuro y una esperanza.
Jeremías 29:11(LBLA)

*E*l filósofo danés, Soren Kierkeegard, disertó sobre la naturaleza de la verdadera humildad, sugiriendo pensar en una flecha que vuela sobre su curso hacia un blanco. De pronto, esta se detiene en medio de su vuelo para considerar qué lejos ha llegado, lo alto que se ha elevado, comparar su velocidad con la de otra flecha o para apreciar la gracia y facilidad con que puede volar. Y justo en el preciso momento en que vuelve la atención hacia sí misma, cae a tierra.

Estar enfocado en uno mismo, es contraproducente a la hora de lograr las metas que nos hemos trazado. Es con exactitud, lo opuesto a la humildad, que no es si no el estar enfocados en Dios.

¿Cuántas veces nos comparamos con otros y medimos nuestros éxitos o fracasos por la vida de otras personas? La Biblia nos dice que esto no es sabio. (ver 2 Corintios 10:12.) Dios nos dice lo anterior, porque Su plan para nosotros es único en su totalidad. Si tenemos que cuestionar algo sobre nuestras vidas, debemos acudir solo a Él.

En cuanto a evaluarnos a nosotros mismos, la Biblia dice que debemos examinar nuestros propios corazones, para asegurarnos que estamos andando en fe y en pureza hacia el Señor. (Ver 1 Corintios 11:28 y 2 Corintios 13:5.)

La Segunda carta a Timoteo, nos exhorta a avivar los dones dados por Dios y en la parábola de los talentos, Jesús es bastante claro al enseñar que debemos usar todas las habilidades y los recursos que Dios nos ha proporcionado, para Su gloria. (Ver Mateo 25:14-29.)

Sea que examinemos nuestros corazones o usemos los dones y talentos que Dios nos ha dado, nuestro enfoque siempre debe estar en el Señor. Nuestra motivación debe ser complacerlo a Él, acercarnos a Él y servir a aquellos que Él quiera que sirvamos.

La ironía de la vida cristiana es, que cuando nos entregamos al servicio del Señor y a los demás, recibimos verdadero gozo y autorrealización. Cuando nos aferramos a nuestra propia vida y somos consumidos por nuestros deseos e intereses egoístas, nos convertimos en gente miserable e improductiva.

Esta noche, deja de pensar en ti mismo y concéntrate en tu amante Padre celestial. Habla con Él, sobre los planes que tiene para tu vida. ¡Enfócate en el Señor, y donde Él, desea llevarte!

La luz que guía

Lámpara es a mis pies tu palabra, y lumbrera a mi camino.
Salmos 119:105

El doctor Alexander de Princeton, describió en cierta ocasión una pequeña luciérnaga, que daba pasos tan pequeños, que era casi imposible medirlos. Mientras se desplazaba a través de los campos a la media noche, de ella emanaba suficiente albor, para iluminar el próximo paso. Avanzaba, y siempre lo hacía en la luz.

En ocasiones nos sentimos perdidos, como si tanteásemos en medio de la oscuridad. Sin embargo, la Biblia dice: "Mas la senda de los justos es como la luz de la aurora, que va en aumento hasta que el día es perfecto." (Proverbios 4:18.) Así, como el camino de la luciérnaga se mantiene alumbrado mientras esta continúa avanzando, también la luz de la Biblia, ilumina cada uno de nuestros pasos.

Un caballero inglés, escribió en su diario sobre una "iluminante" experiencia que tuvo una noche: "Cierta noche sin estrellas, mientras cruzaba el Canal Irlandés, me detuve en la cubierta junto al capitán y le pregunté:

'¿Cómo puedes saber dónde se encuentra el puerto Holyhead Harbor, en una noche tan oscura como esta?"

"Él dijo: '¿Ves aquellas tres luces? Ellas deben juntarse como si fuesen una y cuando vemos que están unidas, entonces conocemos la posición exacta de la entrada al puerto.'"

Otro pasaje de las Escrituras dice: "Por boca de dos o tres testigos se decidirá todo asunto." (2 Corintios 13:1.) La Palabra de Dios es uno de esos testigos. La perfecta paz del Espíritu Santo es otro, y a menudo, Dios enviará una persona, o una circunstancia para confirmar lo que hemos escuchado de Su Palabra y Su Espíritu. Cuando estas "tres luces", se alinean, entonces sabrás donde está el «puerto».

La Palabra de Dios es la luz constante que sirve para evaluar nuestras decisiones cotidianas, como la luz de la catedral de Florencia. Filippo Brunelleschi, construyó la catedral sobre terreno cenagoso, por ello dejó en la cúpula del techo un pequeño agujero, a través del cual penetra un rayo de luz cada veintiuno de junio. El mismo, cae sobre un plato de bronce colocado en el piso del santuario. Que el rayo de luz no cubra por completo el plato, es un indicio de que la estructura se ha desviado y sería necesario tomar medidas de emergencia para lidiar con dicha situación.

La Palabra de Dios es la luz que te indica si te has apartado del camino que Dios ha trazado para ti. ¡Dedica tiempo a la lectura de la Biblia, esta y todas las noches!

❀ ❀ ❀ ❀ ❀ ❀ ❀ ❀ ❀ ❀ ❀

Mirando las estrellas

*Y lo llevó [Abraham] fuera y le dijo: Mira ahora
los cielos, y cuenta las estrellas, si las puedes contar.
Y le dijo: Así será tu descendencia.*

Génesis 15:5

Mientras visitaba a unos parientes, en un área rural, un padre decidió dar junto a su pequeña hija, una caminata nocturna por el campo. La familia residía en una gran ciudad, donde salir a caminar de noche no era lo acostumbrado ni lo más seguro. El padre estaba ansioso por ver cómo reaccionaría su hija ante el cielo lleno de estrellas.

Al principio, su hija hacía travesuras mientras exploraba las flores y los insectos que encontraba a orillas del camino de tierra. Sin embargo, al oscurecer, la chica comenzó a sentir un poco de temor y se aferró con fuerza, a la mano de su padre. Parecía estar muy agradecida por la linterna que él había traído. De pronto, ella levantó la vista hacia el cielo y exclamó con sorpresa: "¡Papá, alguien pintó puntitos en el cielo!"

El padre sonrió. Su pequeña hija nunca había visto el cielo nocturno en otro sitio, solo en la ciudad. Él se alegró de que la luna aún no hubiera salido y por ello, las estrellas parecían estar más cerca y visibles. "Papá", continuó diciendo la niña muy entusiasmada, "¿crees que si las juntamos todas formen un cuadro?"

Para esta chica, el oscuro cielo se había convertido en un rompecabezas de puntitos. *¡Qué concepto tan interesante!* Así pensó el padre. "No", le respondió a su hija, "los puntos están ahí con otro propósito, cada uno de ellos es una esperanza que Dios tiene para tu vida. Dios te ama tanto, que tiene muchas esperanzas de que tu vida sea llena de buenas cosas. De hecho, ¡hay más esperanzas de las que tú y yo podemos contar!"

La pequeña expresó: "¡Yo lo sabía!. Los puntos *sí,* forman un cuadro." Y luego añadió con aire pensativo: "Siempre me he preguntado, cómo se vería la esperanza."

Cuando Dios le mostró las estrellas a Abraham y le pidió que las contara, le estaba dando la esperanza de que el hijo prometido llegaría.

Cada vez que el cielo esté despejado, ¡sal a mirar las estrellas! Ellas son un cuadro de la esperanza de Dios para ti, tu familia y el mundo. Mirar las estrellas, es uno de los mejores métodos para conseguir la perspectiva en esta vida terrenal y reconocer que en el infinito universo de Dios, Él tiene un plan específico para ti, como lo tuvo con Abraham.

El corazón del Padre

Yo era ojos al ciego, y pies al cojo.

Job 29:15

"Cuando yo era joven, sentía gran admiración por las personas inteligentes. Ahora que soy anciano, admiro a la gente bondadosa", dijo el Rabino Abraham Heschel. Desde la perspectiva judía, una persona que no es bondadosa, no cree en Dios.

El Rabino Joseph Telushkin pregunta: "¿Cómo es posible que alguien que crea en el Dios de la Biblia, trate sin compasión a su prójimo, que ha sido creado a imagen del Eterno?"

"¿No tenemos todos un mismo Padre? ¿No nos ha creado un mismo Dios? ¿Por qué, pues, nos portamos sin lealtad, el uno contra el otro?" (Malaquías 2:10).

Cuenta la historia, que cuando Abba Tahnah, el Piadoso, entraba en la ciudad la víspera del Shabat (sábado) con un bulto colgando de su hombro, encontró un hombre desamparado que yacía en medio del camino.

El hombre le dijo: "Maestro, ten piedad de mí. Llévame cargado hasta la ciudad."

Abba Tahnah respondió: "Si abandono mi bulto, ¿cómo podré mantener a mi familia? Pero si abandono a un hombre afligido por las llagas. ¡Perderé mi vida!"

Dejó su bulto a orillas del camino, levantó al hombre y lo llevó cargado a la ciudad. Luego regresó por su bulto y entró de nuevo a la localidad, alumbrado por los últimos rayos del sol.

Todos se asombraron al ver a este hombre piadoso cargando un pesado bulto al comenzar el Shabat, pues era prohibido por la ley. Exclamaron: "¿Es este en verdad, Abba Tahnah el Piadoso?"

En lo profundo de su corazón, él también sintió cierta molestia y se dijo a sí mismo: "¿Es posible que yo haya profanado el Shabat?" En ese momento, El Santo hizo que el sol continuara dando su luz y se retrasó así, el comienzo del Shabat.[40]

*Cada acto de bondad que hagamos
a favor de los hombres,
Cada palabra amorosa, dicha o escrita,
Produce recompensas de hermandad,
Y da a conocer al Padre.[41]*

Ora esta noche para que te sean dadas oportunidades de ejercer la bondad. Aunque estos actos no estén en tu lista diaria de "cosas por hacer," y hasta sean la causa de atraso de algún proyecto. Tu bondad hacia otros se hace contar en la eternidad y le demuestra a los demás, la naturaleza de tu amoroso Padre celestial.

Altar familiar

*Mas tú, cuando ores... ora a tu Padre que
está en secreto; y tu Padre que ve en lo secreto
te recompensará en público.*

Mateo 6:6

A menudo, las oraciones nocturnas se limitan a recitar
un poema o repetir una pequeña oración memorizada.
Sin embargo, estas pueden convertirse en devociones
familiares, si la familia completa se reúne, al lado de la
cama del hijo que se acueste primero.

Cada miembro de la familia hace una sincera oración
espontánea e improvisada. Uno o dos versos de las
Escrituras, pueden ser leídos antes de ese tiempo. La idea
no es que el niño sea obediente al decir una oración antes
de dormir, sino que el corazón del chico se una al de Dios
y al de cada miembro de la familia.

Las oraciones espontáneas e improvisadas, invitan al
chico a compartir su corazón con el Señor. Cuando cada
miembro de la familia ora, el niño puede vislumbrar el
alma de ellos y aprender del ejemplo, cómo relacionarse

con Dios, ofrecerle alabanza, y cómo exponer sus peticiones a un Padre amoroso.

Albert Schweitzer, comentó en cierta ocasión sobre la necesidad de que los padres sirvan como ejemplo en la devoción:

> *"De los servicios en los que participé de chico, he llevado conmigo a través de la vida, un sentir por lo solemne y la necesidad de una experiencia de recogimiento y sosegada evaluación personal, sin la cual no puedo reconocer el significado de mi propia vida. No puedo, por tanto, respaldar la opinión de aquellos que no permiten a los niños participar en los servicios junto a los adultos, hasta que logren alcanzar alguna medida de comprensión. Lo importante del asunto no es que ellos entiendan, sino que puedan percibir lo que es serio y solemne. El hecho de que un niño vea a los adultos llenos de devoción y que él mismo sienta también algo de ello, es lo que para él, le da significado al servicio."*[42]

Concluye esta noche con un altar familiar. Aun cuando no tengas hijos, es una oportunidad para pasar tiempo con tu Padre celestial y poner en orden el caos del día. Él te ayudará a situar las cosas en su debida perspectiva, para que puedas dormir en paz.

Peregrinos y extranjeros

Y ya no habrá muerte, ni habrá más llanto,
ni clamor, ni dolor, porque las primeras cosas pasaron.

Apocalipsis 21:4

Día tras día, los detalles de la vida cotidiana pueden hacer que nuestra atención, se enfoque apenas en el aquí y ahora. Cuando llegan los cambios, el nacimiento de un hijo, el primer día de clases, un nuevo empleo, la muerte de un pariente, estos pueden ser emocionantes, amargos o incluso tristes.

La primera estrofa de un himno escrito por Albert E. Brumley, nos ofrece la perspectiva que debemos tener del tiempo que pasamos en este planeta. "Este mundo no es mi hogar, solo estoy de paso."

En su libro titulado *"Extranjeros y peregrinos,"* W.R. Matthews, describe cómo debemos vernos a nosotros mismos. Aunque él, no recomienda una separación total de la vida que gira a nuestro alrededor, sí sugiere lo siguiente:

"*Debemos vivir en este mundo como si no pertenciéramos a él del todo y... debemos evitar la completa absorción en sus vicisitudes, en las cuales caen con facilidad los espíritus más impacientes. Es sabio recordar, que las mayores de nuestras apreciadas ambiciones e intereses pasarán; el alma madurará más allá de ellas o al menos tendrá que dejarlas atrás.*"

"*Para el peregrino, estos episodios no deben ser causa de completa tristeza*", dice Matthews. "*Él podrá sentir pesar, pero no desconsuelo; no harán que él se rebele. Estas fases de la vida son incidentes en medio del trayecto, pero lo que importa es la travesía en sí, no los accidentes en el camino. ¿Ha llegado el tiempo de continuar hacia delante? ¡Entonces, levanta el campamento con la alegría del corazón; esto no es más que una etapa más en el camino a casa!*"

Hogar, por supuesto, es el cielo, una de las mayores anclas de nuestra vida cristiana. Cuando recordamos que nuestro destino final es el cielo, todo aquello que atravesamos en el momento, se aclara y cobra mayor significado.

El poder del perdón

Porque si perdonáis a los hombres sus ofensas,
os perdonará también a vosotros
vuestro Padre celestial.

Mateo 6:14

La falta de perdón es una fuerza destructiva y maligna, que tiene un efecto mayor sobre quien rehúsa perdonar, que sobre el que no ha sido perdonado. Gran ejemplo de esto, fue una experiencia de una de las mentes más prodigiosas de toda la historia, Leonardo da Vinci.

Justo antes de comenzar el trabajo en su representación de la "Última Cena", tuvo una violenta disputa con un colega pintor. Leonardo estaba tan enfurecido y amargado, que determinó usar el rostro de su enemigo como el de Judas, pensando que se vengaría al entregar a este individuo a las generaciones subsiguientes, en infamia y desprecio.

La cara de Judas fue, por lo tanto, una de las primeras que terminó y enseguida todos reconocieron en ella, al pintor con quien Leonardo había tenido la disputa. Sin embargo, al intentar pintar el rostro de Cristo, Leonardo no lograba progresar. Había algo que lo desconcertaba, le impedía continuar y frustraba sus esfuerzos. Al final, llegó a la conclusión de que la causa de ello, era el haber pintado a su enemigo en el rostro de Judas.

Cuando volvió a pintar sobre el rostro de su enemigo en el retrato de Judas, entonces hizo otro intento con el rostro de Jesús. Esta representación llegó a tener tal éxito, que ha sido ensalzada a través de los siglos.

No puedes estar pintando los rasgos de Jesucristo en tu propia vida y a la misma vez, otro rostro con los colores de la enemistad y el odio.

Si abrigas en tu corazón falta de perdón y amargura, perdona al ofensor y entrégalo a él y la situación particular, en las manos de Dios. Pídele a Él, que te limpie de todos esos sentimientos negativos y que te liberte de la esclavitud que ellos generan. Cuando perdones, serás perdonado y libre para vivir con paz interior.

Las cosas insignificantes

Bien, buen siervo y fiel; sobre poco has sido fiel,
sobre mucho te pondré; entra en el gozo de tu señor.
Mateo 25:21

*U*n hombre dijo en cierta ocasión a su nueva esposa:
"Querida, creo que la mejor forma de funcionar como
pareja es que te encargues de las cosas insignificantes y me
permitas responsabilizarme de las grandes." Su joven
esposa estuvo de acuerdo, y así vivieron sus vidas.

En la celebración de su cincuenta aniversario de bodas,
le pidieron a la pareja que compartiera su "secreto" para
tener un matrimonio feliz. El esposo dio a conocer el
acuerdo al que habían llegado de recién casados. A esto,
la esposa añadió con una sonrisa: "¡Y descubrí que si yo
me encargaba de lo insignificante, nunca habría cosas
grandes de qué encargarse!"

Esclarecer las cosas pequeñas e insignificantes de la
vida, decisiones diarias, resolución de problemas y las
molestias que deben ser ventiladas, puede llegar a ser
considerado como una carga o ser visto como situaciones
que pavimentan el camino hacia la paz y la productividad.

El mismo esfuerzo que uno usa para remover pequeñas piedras del camino, es el que se requiere para organizarlas de tal manera que contribuyan a crear un mejor camino. Todo tiene que ver con tu punto de vista.

La siguiente oración de Mary Stuart, refleja el deseo de trascender más allá de lo trivial, hacia lo que es en verdad, significativo:

"Protégeme, oh Señor, de las nimiedades. Permíteme ser amplio en pensamiento, hecho y palabra.
Déjame echar a un lado el egoísmo, y la crítica mezquina.
Ayúdame a deshacerme de toda pretensión, y que pueda conocer a mi vecino cara a cara, sin autocompasión y prejuicio.
Que nunca me apresure a emitir juicio, sino que sea generoso con todos, y en todas las cosas.
Hazme crecer en calma, serenidad y bondad...
Concédeme poder reconocer que las insignificancias de la vida son las que crean las diferencias, y que en las de verdadera importancia, todos somos uno.
¡Y Señor, mi Dios, permite que yo nunca olvide ser bondadoso!".

Cuando nos encargamos de las cosas pequeñas e insignificantes. ¡Entonces podemos progresar en las que tienen verdadera importancia!

Nada que temer

*¿Quién hay entre vosotros que tema al Señor, que oiga
la voz de su siervo, que ande en tinieblas y no tenga luz?
Confíe en el nombre del Señor y apóyese en su Dios.*

Isaías 50:10 (LBLA)

Cuando éramos niños, muchos de nosotros disfrutábamos
la experiencia de acampar en el patio de la casa. Papá nos
ayudaba a montar la tienda de campaña y mamá se
aseguraba que tuviésemos suficientes provisiones. Con
linternas, navajas de bolsillo y el fiel perro de la familia
para protegernos, nos sentíamos listos para desafiar los
elementos y cualquier otra cosa que amenazara nuestro
puesto de avanzada.

Sin embargo, no contábamos con la oscuridad.
Aquellos árboles del patio, que de día se veían tan
inocentes, de noche se convertían en algo muy
amenazador. Solíamos pensar: *'¿Qué son esas pequeñas
luces que se mueven por todos lados encendiéndose y
apagándose? ¿Y si somos atacados durante la noche por un
animal salvaje que anda vagando por nuestro vecindario? ¿Y
si al gritar pidiendo ayuda, mamá y papá no nos escuchan?*
Entonces se nos ocurriría la brillante idea: *'¡Quizás podamos
convencer a papá para que acampe con nosotros!'*

Papá llegaba con su bolsa de dormir y con más provisiones, sin recriminarnos ni condenarnos. Nos dormíamos sin el mínimo problema. En nuestros recuerdos, la experiencia de acampar había sido un éxito rotundo.

Cada vez que llega la oscuridad, el mundo puede ser un lugar atemorizante. No importa cuánto intentemos mantener nuestra mejor cara y postura, a veces lo único que podemos decir es: –¡Papá, ayúdanos!

Se cuenta la historia de los Paton, una familia de misioneros que fueron a una isla desamparada conocida por sus caníbales y cazadores de cabeza. En la etapa inicial de su ministerio, el señor Paton y su esposa, dormían todas las noches en la playa. Los nativos los observaban desde los arbustos, pero nunca se acercaron.

Después de treinta fructíferos años de ministerio, uno de los nativos que se había convertido le preguntó a Paton: "Aquellas noches cuando usted y su esposa dormían en la playa... ¿Qué ejército era el que rodeaba a ambos cada noche?" Paton, por supuesto, no tenía un ejército, pero sabía, más allá de toda duda, quiénes eran los "soldados," y que Dios los había enviado.

El Dios que vigila "tu salida y tu entrada" (Salmo 121:8), es aquel en quien puedes confiar para protegerte de las tinieblas de maldad. Confía en que Su poder, Su amor y Su nombre, te protegerán durante la noche, sin importar el tipo de oscuridad que enfrentes.

Valor máximo

Y vosotros [sois] de Cristo,
y Cristo de vosotros.
1Corintios 3:23

"¡Se va a la una... a las dos... se fue!" Habían concluido las ofertas y el martillo del subastador de dejó oír. La oferta ganadora para una mecedora, estimada de inicio entre $3,000 y $5,000 fue de $453,500.

Así había ocurrido durante toda la subasta. Un automóvil usado, valorado entre $18,000 y $22,000, fue vendido por $79,500. Un juego de vasos verdes, tasado en $500, se vendió por $38,000. Un collar estimado entre los $500 y $700, fue vendido por $211,500. Por cuatro días consecutivos mucho artículos de valor común y ordinario fueron vendidos por precios exagerados. ¿Por qué? Porque los artículos subastados pertenecían a la herencia de Jacqueline Kennedy Onassis.

¿Cómo estimamos el valor de las cosas? ¿Cómo determinamos lo que es valioso para nosotros?

Así como en la venta de la herencia Kennedy, algunas cosas adquieren valor por causa de la persona que las poseía. Pablo escribió a los Corintios: "Porque habéis sido comprados por precio" (1 Corintios 6:20 RV60).

Pedro escribió: "Sabiendo que fuisteis rescatados... no con cosas corruptibles, como oro o plata, sino con la sangre preciosa de Cristo" (1 Pedro 1:18-19). Pedro y Pablo se referían al precio por nuestros pecados, pagado por Jesús al morir en la cruz.

Podemos exagerar el valor de una persona debido a su estado financiero, influencia o su potencial para beneficiarnos. Pudiera también menospreciarse a alguien por poseer pocos bienes o porque en nada pueden ayudarnos. Sin embargo, las Escrituras nos dicen que siendo aun pecadores, Cristo murió por nosotros (ver Romanos 5:8). Cuando no poseíamos valor alguno y hasta nos oponíamos a Dios, Él pagó el precio para redimir nuestras vidas.

Cada individuo sobre la faz de la tierra es alguien por quien Jesús murió. Debido al inmenso precio de la redención, cada ser humano, sin importar su valor financiero, posee gran importancia.

Cada vez que te sientas deprimido y que no vales nada, medita en lo siguiente: "Dios es quien determina tu valor. Te amó y valoró tanto, que envió a Su Hijo a morir, para que puedas convertirte en uno de sus hijos. ¡Nunca pongas en duda lo valioso e importante que eres!

Dios está despierto

*No dará tu pie al resbaladero, ni se dormirá
el que te guarda. He aquí no se adormecerá
no dormirá el que guarda a Israel.*
Salmos 121: 3-4

Era la primera vez que Anna estaba sola en su nueva casa, desde que se mudaron a la ciudad. El nuevo empleo de Jake, significaba que algún día podrían comprar una casa propia, en un lugar seguro y tranquilo de la ciudad. Pero por el momento, solo podían alquilar una vivienda en una zona donde la venta de drogas y las prostitutas, eran parte del panorama cotidiano.

Un día muy temprano, Jake tuvo que partir en un viaje de negocios y al despedirse le aconsejó que cerrara bien todas las puertas y ventanas antes de que ella y Daisy se acostaran a dormir. "Estaremos bien", le aseguró ella. "Dios siempre ha cuidado de nosotros y Él sabe que necesitamos de su protección y paz como nunca."

El recuerdo de sus palabras, trajo una leve sonrisa a sus labios. Cuando por fin llegó la noche Anna no sentía mucha paz. Al inspeccionar la cerradura de la última puerta, pensó haber escuchado gritar a varias personas en algún sitio de la calle y esto le causó mayor tensión.

Cuando llegó a la habitación de Daisy, encontró a su hija sentada en medio de la cama. Sus ojos estaban abiertos por completo, en señal de haber escuchado también los gritos.

Daisy le rogó: "Mamá, ¿es necesario que apaguemos las luces esta noche?"

Anna no dejaba las luces encendidas en la habitación de Daisy, desde que esta tenía cuatro años. En aquel entonces, la brillante luna del campo había provisto suficiente luz, para poder prescindir de iluminación artificial. Pero la lámpara de Dios, como la solían llamar, no podía ser vista en la contaminada atmósfera de la ciudad.

Anna preguntó: "Querida, ¿en realidad la necesitas?"

"¡Sí! no puedo ver la lámpara de Dios esta noche ya debió haberse ido a descansar."

"Amorcito, Dios nunca duerme. Aun cuando no puedes ver su lámpara, Él siempre tiene Sus ojos sobre ti."

"Bueno, respondió Daisy, ya que Dios está despierto. ¡No tiene sentido que ambos lo estemos!"

Cuando apagues las luces esta noche y te acuestes en tu cama, es posible que tus temores no sean como los de Daisy, pero la misma verdad puede darte consuelo. ¡Dios está despierto! ¡Él siempre vela por ti y está presto para protegerte de todo mal!

Ruidos nocturnos

Bendeciré al Señor que me aconseja; en verdad,
en las noches mi corazón me instruye.

Salmos 16:7 (LBLA)

*L*a noche parece tener ruidos y ritmos diferentes a los del día. No significa por obligación, que los sonidos específicos de la noche sean más fuertes o propios de esta, aunque algunos sí responden a lo anterior. Lo que sucede es que durante la noche, nos parece escuchar cierto sonidos con mayor claridad. En esas horas, es más probable que escuchemos:

*E*l tic-tac de un reloj.
El rechinar de una escalera.
El chirrido de un grillo.
El ladrido de un perro.
El rozar de una rama contra la ventana.
El estrépito de una persiana libertina.

*E*l profundo silbido de un buque.
El viento en los árboles.

El croar de un sapo.
La puerta que se abre.
El son de la música al final del pasillo.
El quejido de un niño.
El susurro de un cónyuge.

Es también durante la noche que estamos más propensos a escuchar con nuestros oídos espirituales. Frederick Buechner, ha sugerido lo siguiente: "Escucha tu propia vida. Mírala por el insondable misterio que es en medio del dolor y el aburrimiento, así como en la emoción y alegría: toca, prueba y huele tu camino hacia el santo y oculto corazón de estas emociones, porque en el último análisis, todos los momentos son clave, y la vida misma es gracia."[46]

Escucha el momento.
Escucha tus pensamientos y sentimientos.
Escucha tus impulsos y deseos.
Escucha tus anhelos y temores.
Escucha el latir de tu propio corazón.
Escucha la dulce y apacible voz de Dios, en el lugar más
recóndito de tu ser.

La noche es para escuchar. Escucha y aprende con tus oídos espirituales, así como con los naturales.

Invisible

*Por tanto, de la manera que habéis recibido al
Señor Jesucristo, andad en él; arraigados y sobreedificados
en él, y confirmados en la fe, así como habéis sido enseñados,
abundando en acciones de gracia.*
Colosenses 2:6-7

Un árbol es nada sin sus raíces y en la mayoría de los casos estas hacen su trabajo bajo tierra. Las raíces jóvenes absorben agua y minerales del suelo. Las más viejas toman estos materiales y los envían al tallo.

Para poder mantener al árbol en condición durante los períodos inactivos, las raíces almacenan alimentos, muy similar al oso, que aumenta el volumen de su peso para poder sobrevivir durante el tiempo de hibernación. El alimento almacenado en las raíces del árbol, provee la energía y el alimento necesario, cuando cambian las condiciones del tiempo y llega la época del nuevo crecimiento.

Los árboles nunca dejan de crecer. Siempre que estén vivos, algún tipo de crecimiento tiene lugar. Se forman nuevas raíces, nacen otras ramas o la antigua corteza se desprende para que la nueva ocupe su lugar. Si las raíces no brindan apoyo mecánico, cumplen la función de anclas y almacenan alimentos, el árbol caería.

El Dios que se interesa tanto por los árboles, a tal grado que establece un complejo sistema de alimentación para ellos, es el que suple a cada uno de nosotros alimento, agua y el aire necesario para sobrevivir. Él nos da la familia y los amigos, las oportunidades y las provisiones para que su plan se cumpla en nuestras vidas. No podemos "ver" a Dios con nuestros ojos físicos, pero igual que el impresionante sistema de raíces subterráneo, sabemos que Él también está, y que obra a nuestro favor. Tal es Su naturaleza como Elohim Jireh, el Dios que provee.

¿Alguna vez has tenido hambre? Jesús es el pan de vida; y Él promete que todo el que a Él viene, nunca tendrá hambre. (Ver Juan 6:35).

¿Alguna vez has estado sediento? Jesús le dijo a la mujer samaritana en el pozo: "Mas el que bebiere del agua que yo le daré, no tendrá sed jamás" (Juan 4:14).

¿Te has sentido apenas sin aliento? Job supo a quien agradecer por el aire que respiramos. "En su mano está el alma de todo viviente y el hálito de todo el género humano" (Job 12:10).

¡Mantente arraigado en el Señor y experimenta Su provisión para cada una de tus necesidades!

Abuelas que oran

*Porque los ojos del Señor recorren toda la tierra
para fortalecer a aquellos cuyo corazón es perfectamente suyo.*
2 *Crónicas 16:9 (LBLA)*

Por cincuenta años, la Hermana Agnes y la señora Baker oraron para que su país, Letonia, obtuviese la liberación de la opresión soviética. Sobre todo, clamaron por la libertad de poder adorar otra vez, en su Iglesia Metodista en Liepaja. Cuando el régimen ateo soviético usurpó el poder, los enemigos invasores se apoderaron de la iglesia y convirtieron el santuario en un salón de deportes.

Sus oraciones fueron contestadas en 1991, cuando la opresión llegó a su final. Los soviéticos se marcharon y la pequeña nación fue liberada. Era imperioso reconstruirla y la Hermana Agnes y la señora Baker estaban decididas a prestar la ayuda necesaria.

Primero, las dos mujeres de más de ochenta años de edad, hablaron con un ministro local. Le dijeron, que si él estaba de acuerdo en ser su pastor, ellas serían los primeros miembros de la congregación. ¡Una iglesia acaba de renacer!

El próximo paso era recuperar el título de propiedad del edificio. Una vez conseguido, comenzaron a arreglar la iglesia para la celebración de los servicios. Una de las mujeres asumió la responsabilidad de pintar las paredes de veinticinco pies de alto. Por varias semanas ella colocó los andamios y pintó las paredes y el techo. Los altos ventanales, construidos al estilo del arquitecto italiano Andrea Paladio, fueron limpiados hasta sacarle un brillo reluciente y el lustre le fue restaurado al piso de madera.

Gracias a una investigación minuciosa llevada a cabo por los miembros de la iglesia, los bancos originales fueron encontrados en un almacén en las afueras de la ciudad. Los mismos fueron regresados y colocados en su debido lugar, para ser usados por los adoradores. La Hermana Agnes, había guardado en su casa el órgano de la iglesia, y lo devolvió al santuario. Cuando ella no dirigía el coro, tocaba el órgano con gran entusiasmo.

¡Dios había sido fiel! Lenin, había pronosticado que el cristianismo dejaría de existir en la próxima generación. Dijo que después de la muerte de las abuelas, no quedarían más cristianos. ¡Pero él no conocía a la Hermana Agnes, a la señora Baker y al Dios que ambas amaban!

El Señor desea mostrarse como el Dios fuerte y que está a tu favor, tal y como lo hizo para la señora Baker y la Hermana Agnes. Jesús dijo: Y edificaré mi iglesia; y las puertas del Hades no prevalecerán contra ella. (Mateo 16:18.)

¡Tú también eres parte de Su iglesia y Él no permitirá que el mal triunfe sobre ti! No importa lo que estés enfrentando en esta noche, debes confiar en que Él te dará la victoria.

Providencia

Y a la verdad yo te he puesto para mostrar en ti mi poder,
y para que mi nombre sea anunciado en toda la tierra.

Éxodo 9:16

El 26 de febrero de 1944, es una de las fechas de mayor infamia, en la historia de la Fuerza Naval de los Estados Unidos de Norte América. El buque de guerra más poderoso de aquel entonces, el *Princeton,* llevaba al Presidente de los Estados Unidos, a los Secretarios de Estado y de la Fuerza Naval, miembros del Congreso y demás oficiales gubernamentales, en un viaje por el Río Potomac.

Como parte del entretenimiento para los invitados, el arma principal en el *Princeton,* de nombre el Pacificador, fue disparada. En la segunda descarga, el arma explotó matando al Secretario de la Fuerza Naval y a varios tripulantes.

Un momento antes del disparo, el Senador Thomas Benton de Missouri, se encontraba de pie junto al arma. Un amigo colocó su mano en su hombro y cuando

Benton se volteó para hablar con él, aunque un poco disgustado, Gilmore, el Secretario de la Fuerza Naval, se adelantó y ocupó su lugar. En ese preciso momento se disparó el arma, matando a este último.

Este singular momento de providencia, causó una gran impresión en el Senador Benton. Él era un hombre lleno de ira, siempre envuelto en querellas y hacía poco había estado involucrado en una violenta disputa con Daniel Webster. Después de su milagroso escape de la muerte en el *Princeton*, Benton procuró la reconciliación con Webster.

Le dijo: "Me pareció, señor Webster, que aquella mano sobre mi hombro era la del Todopoderoso que se extendía hacia mí para librarme de una muerte instantánea. Tal incidente ha cambiado por completo mi modo de pensar y el curso de mi vida. Siento que soy un hombre diferente; y en primer lugar, quiero estar en paz con todos aquellos con quienes he tenido fuertes desacuerdos."

Muy pocos de nosotros estamos conscientes de las veces que hemos sido librados de la muerte, pero lo cierto es que cada día de vida es un regalo de Dios. Disfruta cada uno al máximo y aprovecha el tiempo con sabiduría. No importa lo que dure tu vida en esta tierra, procura nunca malgastar un solo día enojado y sin querer perdonar. Vive cada instante en paz con Dios y con el prójimo.

Fidelidad

El Señor es mi porción—dice mi alma—por eso en Él espero.

Lamentaciones 3:24 (LBLA)

Muchas son las personas que parecen creer, que Dios los ha llamado a una vida de éxito. De hecho, el llamado de Dios para cada uno de nosotros es a una vida de *fidelidad,* de obediencia, devoción, adoración y servicio.

Al concluir cada día, a menudo quedan residuos de cosas por hacer, decir, lograr y por conquistar. Cada día posee su propia medida de fracaso, su propio nivel de problemas (Mateo 6:34), y dudas que permanecen.

Al hacer una evaluación completa de tu día, tanto de lo malo como de lo bueno, pudiera ser útil recordar las siguientes palabras de Annie Johnson Flint:

"¿Qué ha prometido Dios?"

Dios no ha prometido un cielo siempre azul,
Senderos cubiertos de flores
A través de toda una vida;

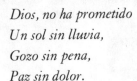
Dios, no ha prometido
Un sol sin lluvia,
Gozo sin pena,
Paz sin dolor.

Pero Dios, sí ha prometido
Fuerzas para el día,
Descanso del trabajo,
Luz para el camino,
Gracia en las pruebas,
Ayuda desde lo alto,
Compasión inagotable,
Eterno amor.[47]

Quizá hoy no tuviste tanto éxito como hubieras deseado, pero cada día que eres fiel al Señor, es un triunfo para Él. Recuerda las cosas que Él ha prometido y que a pesar de tu desempeño en el presente, al entregarle todo tu corazón, Él se encargará de hacer la diferencia.

Rituales

El corazón apacible es vida de la carne.

Proverbios 14:30

*L*a palabra ritual se deriva del vocablo "rito", que significa "acto solemne, ceremonial o formal, práctica o procedimiento de acuerdo con una regla prescrita o costumbre."[48] Un ritual se refiere a un sistema de ritos, en otras palabras, hacer lo mismo de igual forma, cada vez. Los rituales son costumbres comunes, únicas de una época o grupo en particular.

En un principio, la palabra rito tenía una connotación religiosa. Los más conocidos ritos de la iglesia en el pasado y el presente, han sido el bautismo, la comunión, membresía, el matrimonio y el entierro. Estos ofrecen una reconfortante continuidad, cuando sus significados se mantienen vivos y apreciados.

Por ejemplo, cuando un recién convertido y la congregación, entienden que el bautismo es una declaración externa de lo que ya ha ocurrido en el interior, la muerte del "viejo hombre" con Jesucristo (ser sumergido en agua) y la resurrección con Él (salir del agua), el servicio bautismal se convierte en un poderoso momento de adoración.

En un nivel más mundano en la sociedad moderna un ritual puede ser cualquier cosa que se hace de manera regular. Puede referirse a algo tan sencillo como lavarse los dientes. Lo reconozcamos o no, todos tenemos rituales. Las cosas que hacemos por las mañanas al prepararnos para ir al trabajo y las que hacemos al llegar a casa cada noche, son rituales que dan orden, significado y seguridad a nuestras vidas.

Igual que los rituales religiosos, nuestros ritos cotidianos pueden producirnos paz y consuelo o dejarnos frustrados y sin aliento. Nuestras rutinas cotidianas deben incluir actos que den balance y realcen nuestras vidas en lo espiritual, mental, emocional, social, profesional y en el aspecto físico.

Un tiempo devocional antes de ir a la cama, impacta cada área. La oración purifica el corazón; leer la Palabra de Dios renueva la mente; recibir más del amor incondicional del Padre celestial, evoca sentimientos de serenidad; la comunión con el Señor nos da un sentir de pertenencia, nos guía en el trabajo, y todo esto hace que el cuerpo entre en un estado de relajamiento y paz.

En sus ojos

Los ojos del Señor están sobre los justos.

Salmos 34:15 (LBLA)

Sandra Palmer Carr, en *The Upper Room (El Aposento Alto)* describe un emocionante momento vivido con uno de sus hijos. Cuando el menor de ellos tenía cuatro años de edad, ella lo columpiaba (como era su costumbre) en una silla mecedora de espaldar alto. En esta ocasión, el chico Boyd estaba frente a ella, montado a horcajadas sobre su regazo, con sus rodillas dobladas y de pronto, él se enderezó, levantó su cabeza y la miró fija e intensamente a los ojos. El chico estaba muy quieto y ella dejó de mecerse. Él tomó su rostro entre sus dos pequeñas manos y le dijo en un susurro: "Mamita, estoy en tus ojos."

Ambos permanecieron así por varios largos momentos, mirándose fijo el uno en los ojos del otro. La silla cesó de moverse y en la habitación hubo completo silencio. Entonces, Sandra le respondió en otro susurro: "Y yo estoy en los tuyos." Boyd inclinó su cabeza contra el pecho de su madre, sintiendo gran satisfacción y continuaron meciéndose.

Durante los días que siguieron a este encuentro a menudo Boyd se acercaba para verificar su descubrimiento. "¿Aún estoy en tus ojos, Mamita?", le preguntaba alzando los brazos hacia ella. Su madre lo acercaba para que él mirara en sus ojos y comprobara por sí mismo que ¡aún estaba allí![49]

¿Cómo podemos asegurarnos que siempre estamos en los ojos de Dios? La Biblia tiene muchísimos versos que nos revelan, que Dios de continuo está pensando en nosotros, atendiéndonos y haciendo todo lo posible para bendecirnos. Con certeza, la muerte y resurrección de Jesús son un constante recordatorio de lo queridos y preciosos que somos para Él.

Uno de los mejores momentos para detenernos y ver si estamos en los ojos de Dios, es justo antes de dormir. Tu Padre celestial desea mecerte en Su amor, hasta que te duermas y traer a tu memoria de vez en cuando, un verso que hable sobre lo mucho que significas para Él.

Nunca debes dudar que eres el centro de las atenciones y del tierno cuidado de Dios. Puedes tener un corazón confiado y agradecido, al saber que siempre estás en sus ojos.

Nube de protección divina

*Porque este Dios es Dios nuestro
eternamente y para siempre;
Él nos guiará aun más allá de la muerte.*

Salmos 48:14

Durante la Segunda Guerra Mundial, uno de nuestros poderosos bombarderos, despegó de la isla de Guam con su mortal carga. El objetivo era la ciudad de Kokura, Japón. El lustroso B-29, estuvo volando en círculos media hora, por encima de las nubes que cubrían Kokura, luego tres cuartos de hora y después, cincuenta y cinco minutos.

Por fin, el abastecimiento de gasolina llegó al punto de peligro y se les ordenó volar hacia un objetivo secundario. Pareció vergonzoso haber estado volando por encima del objetivo principal y tener que seguir de largo, pero no había otra alternativa.

Con un último vistazo al objetivo que acababan de dejar atrás, la tripulación se dirigió hacia el blanco secundario, donde el cielo estaba despejado por completo. "¡Bombas al aire!" – y el B-29 se dirigió de regreso a la base.

Varias semanas después, un oficial recibió una información del departamento de inteligencia militar que le enfrió el corazón. Miles de prisioneros de guerra de las fuerzas aliadas, la concentración mayor de americanos en manos enemigas, había sido desplazada hacia Kokura una semana antes de haberse suspendido el bombardeo.

"Gracias a Dios", resolló el oficial. "Gracias a Dios por esa nube."

La ciudad, que estuvo escondida de la vista del bombardero, se había convertido en un inmenso campamento de prisioneros y una simple nube, salvó la vida a miles de norteamericanos. El objetivo secundario fue la ciudad de Nagasaki. ¡La bomba que estaba designada para ser arrojada en Kokura, era la segunda Bomba Atómica!

En cada momento del día, uno tiene que tomar decisiones. A menudo, estas afectarán la vida de otras personas y a veces son en gran medida angustiosas y desgarradoras. En tales momentos, es importante recordar que puedes confiar en Dios, en Su dirección, sabiduría y protección divina. Aun cuando no puedas ver más allá de las circunstancias y tengas temor de continuar, Dios puede ver y te conducirá por el camino que debes andar.

Después del alboroto

*Después que cesó el alboroto, llamó
Pablo a los discípulos... y los abrazó.*

Hechos 20:1

*P*ara un niño, el lugar más reconfortante del mundo
son los seguros brazos de su madre o de su padre. En
cuanto a los adultos se refiere, la diferencia no es mucha.
El abrazo ofrecido por brazos cariñosos y atentos, es un
maravilloso lugar donde estar. Aun, el breve abrazo de
un amigo casual, tiene el poder de levantar el ánimo.

Al final de un atareado o frustrante día, "después de
cesar el alboroto", los adultos pueden anhelar un par de
amorosos brazos paternales, que les asegure que todo va a
estar bien, escuchar una voz que exprese en tono
consolador: "Yo estoy aquí, y te cuidaré."

Recibe en esta noche este pequeño poema, como si
fuera un abrazo de Aquel quien te ama sin medida y
quien cuida de ti en cada momento con ternura y
compasión:

Cuando a preocuparse comiencen las aves
Y los lirios trabajen e hilen,
Y todas las criaturas de Dios estén ansiosas,
Entonces yo también comenzaré.

Porque mi Padre es quien su mesa prepara,
Y los viste con ropa fina,
Y si Él suple para ellos,
¿No suplirá también para mí?

Igual que los bulliciosos y comunes gorriones
En casi todas partes están,
Para algunos, criaturas sin valor,
Si perecen. ¿A quién le importará?

Pero nuestro Padre Celestial cuenta
Cada criatura por igual,
Cuidando aun de los gorriones,
Marcando cuando a tierra caen.

Si el cabello de sus hijos está contado,
¿Por qué entonces en temor andar?
Él ha prometido todo lo necesario,
Y estar cerca en la tempestad.

- Anónimo

El arte de la paz

*Tú guardarás en completa paz a aquel
cuyo pensamiento en ti persevera.*

Isaías 26:3

*E*n medio de la violencia, el terror o la guerra. ¿Será posible encontrar un pequeño sitio donde hallar paz? ¿Dónde puede uno acudir para experimentar sosiego?

Un lugar donde nadie esperaría encontrar paz, es en la sala del Tribunal Yugoslavo de Crímenes de Guerra, en La Haya. Por supuesto, el presidente de aquel tribunal necesitaba encontrar alguna forma de escapar de las horribles historias de Bosnia, que pasaban por su escritorio.

¿Cómo pudo Antonio Cassese, suplantar las horripilantes imágenes de la inhumanidad de los hombres? Lo consiguió al visitar el Museo Mauritshuis, localizado en el centro del pueblo y llenar su mente de las hermosas imágenes de las pinturas de Johannes Vermeer.

¿Qué había en las obras de Vermeer, para despertar inspiración en Cassese? Él manifestó que fue la paz y la serenidad de dichas obras de arte. ¿Paz y serenidad? ¡Es difícil que estas palabras describieran el mundo en la época de Vermeer! Él vivió en Europa durante un período de tumulto y conflicto. Inglaterra y las Provincias Unidas Holandesas, la tierra natal de Vermeer, estuvieron en guerra tres veces en sus cuarenta y dos años de edad. Vermeer tenía muchos hijos, numerosas deudas y sufrió una humillante bancarrota. ¿Cómo es entonces, que sus pinturas expresan paz? La siguiente historia nos da un indicio.

Varios años atrás durante una crisis política, un joven y varios de sus compatriotas, se dejaron llevar por el nerviosismo a causa de la situación en su país. Un historiador británico, habló con el grupo y les hizo recordar el relato de Jesús, cuando calmó las aguas. (ver Mateo 8:23-27.) "Me parece", dijo el historiador, "que en medio de una tormenta, uno no debe permitir que la conmoción lo domine. Uno debe entrar en contacto con la paz que reside en su interior y dejarla salir."

Vermeer, acudió al recurso de paz que había en su interior y lo compartió con los demás a través de sus pinturas. Muchos años después, Cassese recibía de sus pinturas la misma paz.[50]

La paz que en ti reside, tiene un poderoso nombre: Jesús. Enfoca tu mente en Él esta noche y verás cómo las tormentas de tu vida dejan de ocupar el primer lugar y comienzan a desvanecerse.

Restauración

*Pero los que esperan en el Señor renovarán sus fuerzas;
se remontarán con alas como las águilas, correrán
y no se cansarán, caminarán, y no se fatigarán.*

Isaías 40:31 (LBLA)

En una remota aldea suiza, se encontraba una hermosa
iglesia conocida como La Catedral del Valle Montañoso. La
iglesia no solo era hermosa a la vista, con sus altos pilares y
magníficos vitrales, sino que en ella se encontraba el órgano
de tubos más increíble de toda la región. Muchos viajaban
varias millas, aun de tierras distantes, para escuchar los
sublimes tonos de este instrumento.

Cierto día se presentó un problema. Las columnas aún
estaban allí y los vitrales permanecían deslumbrantes al ser
bañados por la luz del sol, pero un misterioso silencio había
inundado todo el valle. El área ya no retumbaba con el eco
de la gloriosa y afinada música del órgano de tubos.

Varios músicos y expertos de todas partes del mundo,
intentaron reparar el instrumento. Cada vez que una
nueva persona intentaba arreglarlo, los aldeanos se veían

expuestos a sonidos disonantes, angustiosos ruidos que parecían contaminar el aire.

Un día se presentó un anciano a la puerta de la iglesia. Habló con el sacristán y después de algún tiempo este accedió, aunque de mala gana, a que el anciano tuviera la oportunidad de reparar el órgano. Dos días estuvo el anciano trabajando en completo silencio. El sacristán comenzaba a ponerse nervioso.

Entonces, al tercer día, a la hora del mediodía, el valle fue inundado con la gloriosa música. Los granjeros soltaron sus arados, los mercaderes cerraron sus tiendas y todos en el pueblo cesaron sus labores y se dirigieron hacia la Catedral. Hasta los arbustos y los árboles de las cimas montañosas, parecían emitir su respuesta, mientras el eco de la gloriosa música rebotaba de una cordillera a otra.

Después que el anciano terminó de tocar, un valiente le preguntó cómo fue que pudo reparar el magnífico instrumento, cuando los expertos mundiales no lo consiguieron. El anciano tan sólo dijo: "Fui yo quien construyó este órgano hace cincuenta años. Yo fui quien lo creó y ahora lo he restaurado."

Dios te creó y Él conoce con exactitud lo que necesitas para vivir la vida a plenitud. ¡Por ser tu Creador, Él puede restaurarte al final de una jornada agotadora, para que el día de mañana puedas producir una música hermosa!

Bendición

*Y el mismo Dios de paz os santifique por completo; y todo
vuestro ser, espíritu, alma y cuerpo, sea guardado irreprensible
para la venida de nuestro Señor Jesucristo.*

1 Tesalonicenses 5:23

*U*na bendición es la declaración de una gracia divina. Por
lo general se le asocia con las palabras finales de un servicio
de adoración y enunciadas por un líder espiritual. Pero, tú
mismo puedes declarar una bendición sobre tu persona,
¡ahí mismo donde te encuentras, esta misma noche

El único requisito para una bendición es el siguiente:
que no exista pecado ni falta de perdón que se interponga
entre tu persona y el Señor Jesucristo. Si has estado
cuestionando la pureza de tu corazón, esta noche es una
buena oportunidad para pedirle al Señor que te limpie y
renueve un espíritu recto dentro de ti.

Entonces, mírate en un espejo antes de apagar las
luces y pronuncia una bendición sobre ti mismo.
Exprésala con fe y coraje, en plena confianza de que el
Señor desea que esta bendición eche raíces en tu vida y

produzca abundante fruto. Si tienes familia, quizás desees pronunciar una bendición sobre ello o sobre cada miembro en forma individual.

Al hacerlo, podrás concluir cada día con la certeza de la bendición de Dios y de Su reafirmación en tu vida.

La bendición que aparece inscrita en la Catedral de Gloucester, es quizás una que desees usar:

Anda en paz
Sé valiente
Aférrate a todo lo de buen nombre
A ningún hombre pagues mal por mal.
Fortalece al desfallecido.
Apoya al débil.
Ayuda y consuela al enfermo.
Honra a todos los hombres.
Ama y sirve al Señor.
Que la bendición de Dios sea sobre ti
Y que contigo permanezca por siempre.

¡Que así sea! ¡Y que pases una noche bendita!

Visión 20/20

Así alumbre vuestra luz delante de los hombres,
para que vean vuestras buenas obras y glorifiquen
a vuestro Padre que está en los cielos.
Mateo 5:16

Los biólogos marinos, en estos días están adquiriendo abundantes conocimientos sobre los suelos del océano y todo esto, gracias al submarino que ha sido diseñado en especial, para transportar una sola persona. Con la habilidad de permanecer sumergidos hasta un máximo de ocho horas continuas y capaz de bajar casi un kilómetro de profundidad, estos submarinos le dan un nuevo significado al término, "panorama oceánico", gracias a una caja de pasajero transparente hecha de acrílico. Los submarinos están equipados con luces, impulsores eléctricos, brazos hidráulicos, así como instrumentos científicos de navegación y equipo de supervivencia.

Sin embargo, pese a todos los aparatos de alta tecnología, el siguiente hecho no cambia: ¡Es bastante oscuro allá abajo! La luz del sol, tan solo penetra hasta un límite. Después de cierto punto en el descenso, es necesario utilizar otra fuente de luz, si deseas observar las maravillas de las profundidades.

Lo mismo es aplicable a de las criaturas de las profundidades del mar, muchas de las cuales emiten cierta forma de iluminación natural conocida como bioluminiscencia. Para algunos, la luz inherente a ellos, es usada como un mecanismo de defensa. Los enemigos son rociados con un tejido luminoso que convierte al cazador en presa.

Para otros, la luz provee un camuflaje. La poca luz del sol que desde arriba logre penetrar la oscuridad, obra en combinación con la procedente de la parte inferior de las criaturas y borra cualquier sombra que pueda delatar su posición.

Pocos de nosotros, descenderían al nivel de estas criaturas, pero sí, entendemos, cómo han de sentirse en cuanto a la luz. Cuando manejamos tarde en la noche, por una carretera poco iluminada, dependemos de las luces delanteras del auto para evitar salirnos del pavimento. Protegemos nuestras casas de intrusos, al iluminar el patio con focos.

Para vivir en este mundo oscuro y confuso, el Señor ha colocado en nosotros Su propia luz, el Espíritu Santo. Él nos revela lo que es verdadero y bueno, así como dónde ir y qué sitios evitar. Él es nuestra conciencia y guía.

Al hacer una evaluación del día vivido. ¿Puedes señalar las veces que el Espíritu Santo te dirigía o indicaba lo que estaba bien o lo incorrecto?

En alas de la oración

Suba mi oración delante de ti como el incienso,
El don de mis manos como la ofrenda de la tarde.

Salmo 141:2

*E*n este verso, el salmista pinta con sus palabras un hermoso cuadro. El incienso, un elemento tan preciado en el mundo antiguo, cubría el hedor de la vida cotidiana con hermosura. El incienso también nos habla del espíritu y esencia de una persona siendo, exhalado, en completa rendición ante el Señor.

Las manos levantadas al Señor, son manos en descanso, porque ellas no pueden estar laborando o haciendo travesuras. Las manos levantadas también, nos hablan de estar rendidos por completo y en plena dependencia del Señor. La imagen total, es una de hermosura espiritual y fe como la de un niño que se extiende para tocar el corazón y recibir el abrazo de un amoroso Padre celestial.

Esta atmósfera propia para la oración nocturna, es la captada en un poema R.E. Neighbour:

Elevé una sincera oración nocturna
A Dios en las alturas, y así esperé
Y ver si en realidad a Dios le importaría
Arriba en los cielos.
Desde lo alto llegó mi respuesta
Y tranquila paz llenó mi ser
Sentí Su presencia, alabado sea Su Nombre
Porque Dios es amor.

Un cántico nocturno, con alegría entoné,
Y ascendió entre las estrellas
Y entre la multitud celestial,
Y a Dios en las alturas alcanzó:
Y luego, a mi espíritu regresó,
Como zarza encendida, la presencia de Dios,
Me volví a postrar, y Su Nombre alabé,
Porque Dios cercano estaba.

Qué maravilloso el derecho,
De llevar nuestro vuelo más allá de las estrellas,
Hasta la sagrada y santa luz de Dios,Más allá del cielo
azul;
Y allí a Su gracia acceso tener,
En la presencia de Su rostro,
Y regresar luego a la tierra,
Con renovadas esperanzas.[52]

Buen final

Para que tal como comenzó antes, asimismo
acabe también entre vosotros esta obra.

2 Corintios 8:6

Aplicarle el brillo a un mueble, es el paso final en su proceso de construcción. El grueso del trabajo que le da su *utilidad* al armario, mesa o a la silla, sucede más temprano en el proceso. Pero es el brillo, la aplicación del color y el barniz, lo que a menudo le da al mueble su *belleza*. El brillo hace resaltar la fibra y el acabado de la madera, la suavidad de la artesanía y el resplandor que nos habla de conclusión.

La cruz sobre la cual Jesús fue crucificado, marcó el final de su vida terrenal. Al espirar su último aliento Él expresó: "Consumado es." Esta fue la triunfante declaración que marcó la conclusión de su misión terrenal, para satisfacer y cumplir la ley de Dios en favor de toda la humanidad. La cruz vino a convertirse en el faro que resplandece e ilumina el corazón del hombre pecador, diciendo: "Puedes ser libre." La cruz también se convirtió en el preludio de un "nuevo comienzo" al ocurrir la resurrección, ofreciendo así, vida nueva para todos.

Cada uno de nosotros, ha sido llamado a la correcta conclusión de su vida, pero para nosotros acabar no es solo morir. También se lleva a cabo al traer conclusión a cada día, de tal manera que nos permitimos a nosotros mismos resucitar al próximo amanecer. Es decir con gratitud y humildad: "He acabado todo lo que el Señor me ha pedido en este día, he ofrecido lo mejor de mí, y ahora, me entrego por completo a Él, para que pueda volver a formarme y yo serle útil mañana, una vez más."

Ralph Waldo Emerson, nos ofrece el siguiente consejo: "Concluye cada día y ponle fin. Hiciste lo que pudiste. Sin duda alguna, cometiste algunos disparates y no lograste evadir algunos desatinos; olvídalos tan pronto puedas. Mañana será un nuevo día; comiénzalo bien, con serenidad y con el espíritu elevado para no poder ser estorbado por tus antiguas tonterías. Este día es todo lo que es bueno y justo. Es demasiado apreciado, lleno de esperanzas e invitaciones, para desperdiciar un solo momento en cosas que pertenecen al ayer."

¡Amén! El Dios que comenzó en vosotros la buena obra, la perfeccionará hasta el día del Jesucristo." (Ver Filipenses 1:6.)

Dulces sueños

Por demás es que os levantéis de madrugada, y vayáis
tarde a reposar, pues a su amado dará Dios el sueño.
Salmo 127:2

"Toma dos aspirinas y llámame en la mañana." ¿En realidad, qué quiere decir el médico al darte tales instrucciones? En cierta forma te está diciendo: "Procura descansar esta noche y ya verás que te sientes mejor mañana por la mañana." ¡Es sorprendente lo bien que funciona este consejo! Lo cierto es que a menudo, sí, nos sentimos mejor al amanecer.

La investigación científica apoya esta teoría. En cierto estudio, las ratas de laboratorio, murieron de infecciones en la sangre, después de habérseles privado del sueño por largos períodos de tiempo; posiblemente, porque falló su sistema inmunológico.

¿Has pasado algunas noches en el hospital, en específico en la sala de Cuidados Intensivos? Una de las quejas más comunes de los pacientes bien podría ser: "¿Cómo voy a mejorar, si me siguen despertando a cada rato?" Buen punto.

Las frecuentes interrupciones, el ruido y las luces se consideran factores que contribuyen a un nivel de recuperación más lento. De hecho, algunos pacientes terminan sufriendo del síndrome de SCI (Sala de Cuidado Intensivo): alucinaciones, estado de desorientación y depresión, que se manifiestan después de tres días en dicha sala. ¿Y cuál es la causa? En gran medida se debe a la carencia de un buen dormir.

Como seres humanos testarudos, la mayoría de nosotros ignora la orden médica de acostarnos a descansar cuando padecemos de una afección seria, tal como un catarro o la influenza. Ya que nos obligan a estar en casa. ¿Por qué no aprovechar bien el tiempo? Después de todo, no estamos agonizando.

Sin embargo, con mucha frecuencia, una leve enfermedad se convierte en algo más serio. Entonces tenemos que yacer en cama y por obligación. ¿Cuánto tiempo y problemas nos evitaríamos si tan solo hubiésemos obedecido desde el principio las instrucciones del médico? ¿Qué saludables estaríamos si trabajásemos a favor y no en contra de nuestro sistema inmunológico?[53]

El escritor Aldous Huxley, dijo: "La razón por la cual no estamos más enfermos y desquiciados, se debe con certeza a la más bendita bendición de todas las gracias naturales, el sueño."

¡Duerme! ¡Y disfruta cada minuto!

Producción de frutos

"Como el pámpano no puede llevar fruto por sí mismo, si no permanece en la vid, así tampoco vosotros, si no permanecéis en mí"

Juan 15:4 RV60

Quizás estés bien familiarizado con el fruto del Espíritu: amor, gozo, paz, paciencia, benignidad, bondad, fe, mansedumbre, y templanza." (Ver Gálatas 5:22-23.) ¿Cómo es que producimos fruto? Por un lado es imposible fabricarlo. No puede ser comprado o producido en masa. Una persona podría intentar colocarse una máscara de "gozo" o vestir una apariencia de mansedumbre, pero tarde o temprano se dejará ver lo superficial de su apariencia.

De acuerdo a lo escrito por Joni Eareckson Tada, el "fruto falso" quien lo produce es el propio esfuerzo humano". Joni dice que "es como cultivar uvas completamente al revés. Primero encuentras un blanco racimo de uvas Concord y las pegas a las ramas de una vid. Entonces amarras raíces al tronco, cavas un hoyo en la tierra y allí lo siembras todo. Y ahí lo tienes, fruto fabricado (y de hecho, fruto que muy pronto se pudrirá). Lo que acabas de hacer es poner primero el fruto, segundo las ramas en tercer lugar las raíces y por último la tierra."

Esto es diametralmente contrario a la manera en que Dios produce fruto. El fruto que Él produce es uno que permanece por toda la eternidad.

Tada describe la manera en que Dios produce fruto: "Primero Él siembra la semilla de su Palabra en el terreno de nuestro corazón. El Espíritu nos aviva y hace que la Palabra eche raíces en nuestra alma. Entonces, mientras vamos creciendo en el Señor, la vid y los pámpanos van madurando hasta que se producen abundantes deliciosos racimos de dulce fruto.

Ella concluye diciendo que "el fruto genuino se produce como resultado de permanecer en la Vid".Es muy cierto que nos impacientamos cuando en nuestras vidas no vemos el fruto que deseamos. Pero, ¿alguna vez has notado que mientras se van formando las manzanas en las ramas, no se escucha al árbol gemir ante el esfuerzo? Siempre y cuando el árbol esté recibiendo suficiente agua y luz del sol, el fruto se va formando naturalmente.

Nuestro trabajo no es producir fruto, nuestro trabajo es permanecer en comunión con la Vid, y someternos al Hortelano. Cuando lo hacemos, el Espíritu (la luz del sol) y la Palabra de Dios (el agua) reinan en nuestras mentes y corazones. Estamos siendo transformados a la imagen de Jesucristo, y como resultado, el fruto crece y se desarrolla.

Un suave navegar

Dios es luz, y no hay ningunas tinieblas en él.

1 Juan 1:5

Dwight L. Moody, solía relatar esta historia acerca de la luz y las tinieblas.

"Cierta noche se levantó una terrible tormenta en el Lago Erie. El capitán de un barco podía ver la luz de un faro, pero al no poder ver las luces menores del puerto, preguntó a su piloto sobre la verdadera posición de la embarcación.

—Sí señor, ese es el puerto de Cleveland —dijo el piloto—. Las luces menores del puerto se han apagado, señor.

—¿Lograremos entrar al puerto?

—Si no lo logramos estamos perdidos, señor —respondió el piloto.

»El piloto dio el máximo de su esfuerzo, pero no fue suficiente. Sin la guía de las luces menores, la embarcación arremetió contra el arrecife."

La luz es de vital importancia, si deseamos llegar sin mayores problemas o errores a nuestro destino, en especial si deseamos llegar a la cima de todo lo que consideramos una meta. A veces, nos sentimos tentados a batallar y a abrirnos paso a través de la oscuridad, solo para probar que somos tan fuertes e inteligentes, para navegar por esfuerzo propio a través de cualquier mar. En otras ocasiones, nos falta la valentía y el temor nos ciega, a la luz que está frente a nosotros.

En vez de proceder solos o cerrar los ojos, debemos reconocer que hay una Luz disponible para todos. Una que nos garantiza una guía a través de la oscuridad, la neblina, las tormentas y cualquier cosa que intente obstaculizar nuestro progreso.

Jesucristo dijo: "Yo soy la luz del mundo. El que me siga, no andará en tinieblas, sino que tendrá la luz de la vida" (Juan 8:12).

Cuando esta noche te acuestes y apagues las luces, procura recordar que la Luz que mora en ti nunca se opaca o se apaga.

¡Mantén los ojos fijos en Jesús, y lograrás un viaje seguro hacia el puerto!

Puesta del sol

Y el Dios de esperanza os llene de gozo y paz en el creer.

Romanos 15:13

En el libro *Boulevards of Paradise*, F.W. Boreham, relata la historia de un anciano que caminaba junto a su nieta. Encontraron un individuo que vertió sobre ellos, una larga historia sobre las dificultades de su vida. Entonces se disculpó y les explicó que estaba padeciendo una leve insolación.

Cuando el abuelo y su pequeña nieta partieron, la niña exclamó: "¡Abuelo, espero que nunca tengas que padecer de una puesta del sol!"

John Lloyd Ogilvie, hace una importante observación sobre esta tierna escena. Él escribe: "El punto es bastante claro. Sufrimos una puesta del sol antes que acabe el día. Esto no es solo cierto de aquellas personas que se rinden ante la aventura de crecer en lo espiritual e intelectual durante los años de "ocaso" en sus vidas, sino también en creyentes de todas las edades que dejan de aventurarse con Jesucristo... ¡Podemos llegar a convertirnos en geriátricos espirituales, a los veinte o cuarenta años de edad![55]

Los sabios nos han ofrecido su perspectiva del tema del envejecimiento:

- "Eres tan joven como la fe que profesas y tan viejo como tus dudas; tan joven como la confianza en ti mismo y tan viejo como tus temores; tan joven como tu esperanza y tan viejo como tu desesperación."

- "En el centro de cada corazón hay una cámara de grabaciones. Mientras esta reciba mensajes de esperanza, belleza, alegría y valentía, tu juventud perdurará".

- "Cuando tu corazón esté cubierto por las nieves del pesimismo y el hielo del cinismo, entonces, y solo entonces, habrás envejecido."[56]

Debemos meditar en los gloriosos colores y en la magnificencia de las puestas del sol que hemos contemplado al acercarnos a los períodos de, "ocaso," de nuestras vidas: el final de un día, de un proyecto, de una jornada o alguna otra temporada significativa de la vida.

La puesta del sol es un tiempo para reflexionar en la naturaleza. Trae consigo un brillante y placentero esplendor a nuestras almas, *cada día*. En términos espirituales es el tiempo en que hacemos una pausa para meditar sobre la asombrosa creación de Dios, la que nos rodea y la de nuestro interior, *a diario*.

Dedica todo el tiempo que puedas cada noche a maravillarte del espectacular evento que conocemos como puesta de sol. Este es el regalo de tu Padre celestial para ti; te llena de gratitud por un día bien invertido en Su presencia y te proporciona un dulce sueño y la esperanza y expectativa de vivir el mañana junto a Él.

Notas

[1] Unto the Hills: A Devotional Treasury, Billy Graham (Waco, TX: Word Books, 1986), p.130.

[2] Spiritual Fitness, Doris Donnelly (NY: Harper –San Francisco, Sucursal de HarperCollins, 1993) p. 155-156, 165-166.

[3] The Christian's Secret of a Happy Life, Hannah Whitall Smith, p. 38-40.

[4] Give Your Life a Lift, Herman W. Gockel (St. Louis: Concordia Publishing House, 1968), p. 114.

[5] Unto the Hills: A Devotional Treasury, Billy Graham, (Waco, TX: Word Books, 1986), p. 158.

[6] The Last Word, Jamie Buckingham (Plainfield, NJ: Logos International, 1978), p.169-170.

[7] Unto the Hills: *A Devotional Treasury*, Billy Graham (Waco, TX: Word Books, 1986), p. 223.

[8] Decision, marzo 1996, p. 33

[9] *"Who Switched the Price Tags?"* Tony Campolo, *The Inspirational Study Bible*, Max Lucado, ed., (Dallas: Word Publishing, 1995), p. 402

[10] Illustrations Unlimited, James W. Hewett, ed., (Wheaton: Tyndale House, 1988), p.25-26.

Notas

11 A Moment a Day, Mary Beckwith y Kathi Mills, ed., (Ventura, California: Regal Books, 1988), p.25.

12 Ibid, p. 37

13 101 More Hymn Stories, Kenneth W. Osbeck (Grand Rapids, MI: Kregel Publications, 1985), p. 24-26.

14 "Won by One," Ron Rand, *The Inspirational Study Bible*, Max Lucado, ed. (Dallas: Word, 1995), p. 604-605.

15 A Moment a Day, Mary Beckwith y Kathi Mills, ed. (Ventura, CA: Regal Books, 1988), p. 174.

16 Newsweek, 27 de noviembre de 1995, p. 62-63.

17 A Moment a Day, Mary Beckwith y Kathi Mills, ed. (Ventura, CA: Regal Books, 1988), p.184.

18 Knight's Master Book of 4,000 Illustrations, Walter B. Knight, (Grand Rapids, MI: Eerdmans Publishing Co., 1956), p.448.

19 Ibid.

20 A Moment a Day, Mary Beckwith y Kathi Mills, ed. (Ventura, CA: Regal Books, 1988), p. 247.

21 The Joy of Working, Dennis Waitley y Reni L. Witt (NY: Dodd, Mead & Company, 1985), p. 213-214.

22 Songs of My Soul: Devotional Thoughts from the Writings *of W. Phillip Keller*, Al Bryant, ed. (Dallas: Word, 1989), p. 77.

[23] You Don't Have to be Blind to See, Jim Stovall (Nashville, TN: Thomas Nelson Publishers, 1996), p. 90.

[24] 101 More Hymn Stories, Kenneth W. Osbeck (Grand Rapids MI: KregelPublications, 1985), p. 274-277.

[25] Encyclopedia of 7,700 Illustrations, Paul Lee Tan Garland TX: Bible Communications Inc., 1979), p. 1387.

[26] A Diary of Readings, John Baillie (NY; Collier Books, Macmillan Publishing Co., 1955), Día 202.

[27] Creative Living, Otoño 1995, p.20-24.

[28] The HarperCollins Book of Prayers, Robert Van de Weyer, ed. (NY: Harper San Francisco, sucursal de HarperCollins, 1993), p. 175-76.

[29] Amazing Grace, Kenneth W. Osbeck (Grand Rapids, MI: Kregel Publications, 1993), 49.

[30] Give Your Life a Lift, Herman W. Gockel (St. Louis: Concordia Publishing House, 1968), p.38-39.

[31] Amazing Grace, Kenneth W. Osbeck (Grand Rapids, MI: Kregel Publications, 1993), p. 228.

[32] The Treasure Chest, Brian Culhane, ed. (San Francisco: HarperCollins, 1995), p. 10.

[33] Ibid, p. 56.

[34] Prevention, marzo 1996, p. 25-26.

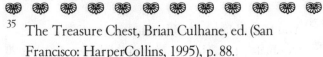

[35] The Treasure Chest, Brian Culhane, ed. (San Francisco: HarperCollins, 1995), p. 88.

[36] Creative Living, verano 1993, p. 26.

[37] Newsweek, 22 de enero de 1996, p. 14.

[38] The Treasury of Inspirational Quotations & Illustrations, E. Paul Hovey, ed. (Grand Rapids, MI: Baker Books, 1994), p. 168.

[39] The Treasure Chest, Brian Culhane, ed. (San Francisco: HarperCollins, 1995), p. 92.

[40] Jewish Wisdom, Rabino Joseph Telushkin (NY: William Morrow and Company, Inc., 1994), p. 182-184.

[41] The World's Best Religious Quotations, James Gilchrist Lawson, ed. (NY: Fleming H. Revell Company, 1930), p. 99.

[42] The Treasure Chest, Brian Culhane, ed. (San Francisco: HarperCollins, 1995), p. 94.

[43] A Diary of Readings, John Baillie (Collier Books, Macmillan Publishing Co., NY 1955), Día 182.

[44] The Treasure Chest, Brian Culhane, ed. (San Francisco: HarperCollins, 1995), p. 109.

[45] God Works the Night Shift, Ron Mehl (Sisters, OR: Multnomah Books, 1994), p. 132-133.

46 The Treasure Chest, Brian Culhane, ed. (San Francisco: HarperCollins, 1995), p.146.

47 Ibid, p.162.

48 Webster's New World Dictionary of the American Language (World Publishing Co., NY, 1968), p. 1258.

49 The Upper Room, mayo-junio 1996, p. 15.

50 The New Yorker, noviembre 20, 1995, p. 56-57, 59, 62-64.

51 Scientifc American, julio 1995, pp. 60-64.

52 Knight's Treasury of 2,000 Illustrations, Walter B.Knight, ed. (Grand Rapids, MI: Eerdman Publishing, 1963), p. 274.

53 American Health, abril 1996, pp. 76-78.

54 Diamonds in the Dust Joni Eareckson Tada (Grand Rapids MI: Zondervan Publishing House, 1993), registro abril 28.

55 Silent Strength, Lloyd John Ogilvie (Eugene, OR: Harvest House, 1990), p. 129.

56 Illustrations Unlimited, James S. Hewett, ed. (Wheaton: Tyndale House, 1988) p. 25.